ケロポンズ+りゅうぞう+すかんぽの

春・夏
秋・冬

あそびがいっぱい！

もくじ

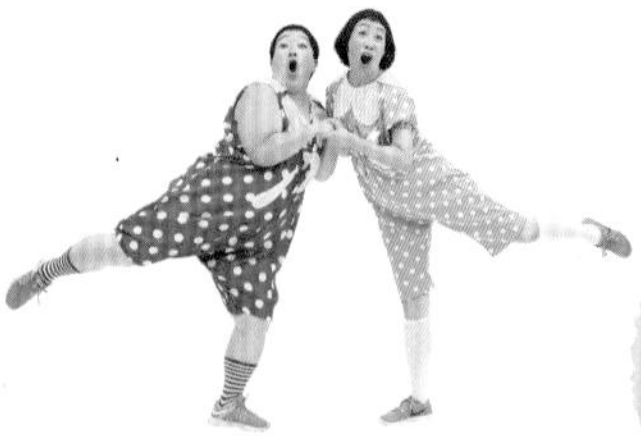

春のうたあそび

夏のうたあそび

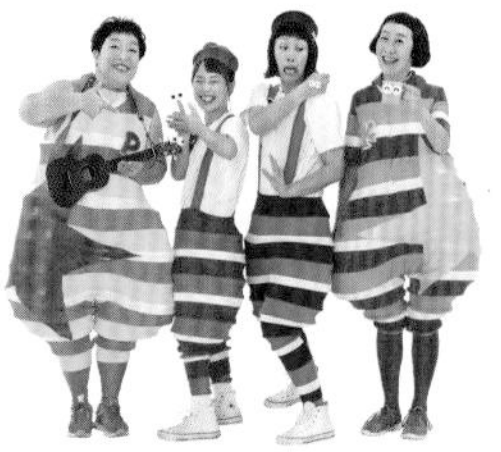

秋のうたあそび

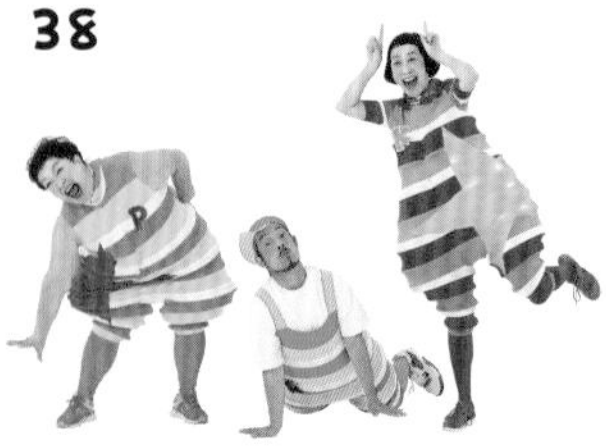

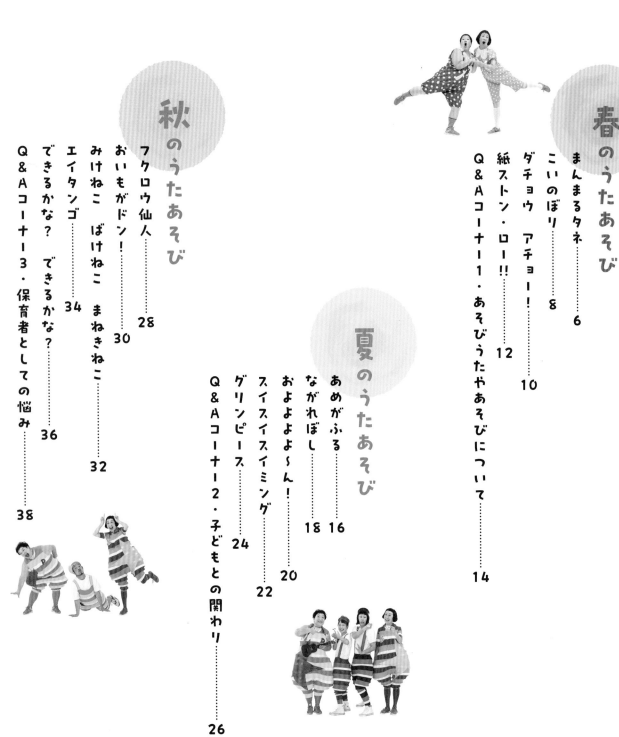

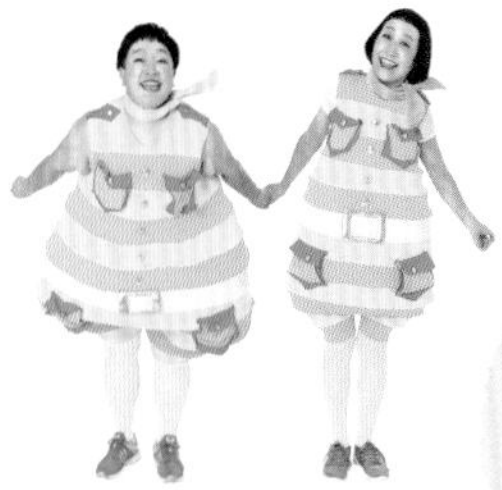

冬のうたあそび

0・1・2歳のうたあそび

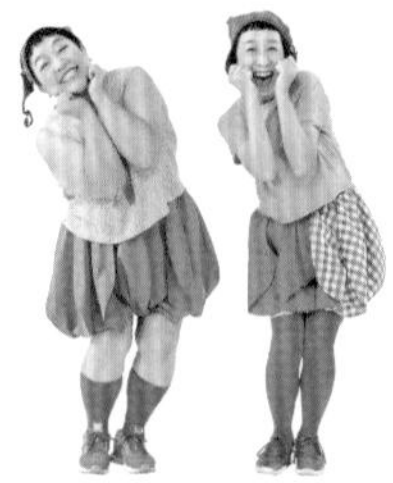

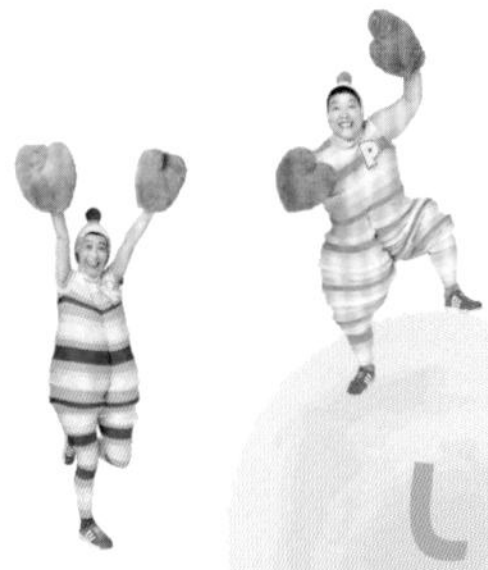

しぜんあそび

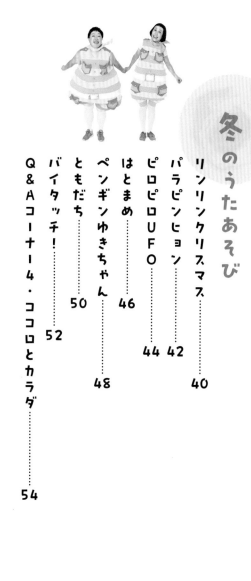

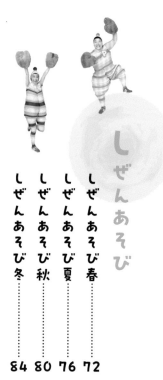

はじめに

子どもたちの一年の生活は春に始まって、次の春になるとまた新しい一年につながる……。この感じがいいなあと、いつも思います。温暖化などもあり季節感がなくなりつつある昨今ですが、子どもたちの成長に四季の変化は欠かせませんね。

今回は保育士経験もあり、ダンスが得意でおもしろいアイデアいっぱいの福田りゅうぞうくん、現役保育士で、日々の保育の中から生まれたあそびのアイデア満載のすかんぽちゃんたちと一緒に、この本をワイワイと作りました！ “３人寄れば文殊の知恵”とはよく言ったもので、5人も寄ったので現場で使いやすい、あそび満載の本が出来上がりましたよ。子どもたちとの日々に、少しでもお役に立てたら嬉しいです！

あそび方などは、子どもたちに合わせて、どんどん変えちゃってください。

みんなでワイワイ、子どもたちと楽しい日々を!!

ケロポンズ

春のうたあそび

暖かい春が来たうれしさを、
元気に表現して楽しみましょう。
参観日など、親子で楽しめるゲームも紹介します。

ケロポンズから

春はドキドキワクワク。新しい土にまかれたタネもドキドキワクワクしているのかな？ タネになりきってあそんで元気に1日をスタートしてね！　これから子どもたちはどんな花を咲かせるかなー？ いっぱいあそんで大きくなあれ！

春のうたあそび1

まんまるタネ

子どもたちと自由に
いろいろなタネをまいて、
いろんな花を咲かせてあそぼう！

ポン：平田明子

ケロ：増田裕子

まんまるタネ

作詞／平田明子　作曲／増田裕子

F Gm C F Gm C F
まんまるタネが ありました ねっこがニュン しんめがピン
B♭ F B♭ F B♭ F Gm C7 F
ぐんぐんのびて ぐんぐんのびて かわいいはなが さきましたパッ

動画でチェック！

ここからアクセスすると……「まんまるタネ」が見られます。

あそび方

1 まんまるタネが ありました

両手をグーにして
胸の前で合わせる

2 ねっこが ニュン

両ひじも胸の前で
合わせる

3 しんめが ピン

手をくっつけたまま
グーからパーにする

4 ぐんぐん のびて

合わせた手を
左右に揺らしながら
上げていく

5 ぐんぐん のびて

左右に揺らしながら
どんどん上げていく

6 かわいい はなが
さきました パッ

手を花に見たてて、
頭の上で開く

いろいろなタネに変えてあそんでみましょう

1 たくさんタネ…

6 たくさんはな…

1 ないてるタネ…

6 ないてるはな…

1 おおきなタネ…

6 おおきなはな…

1 ひらひらタネ…

6 ひらひらはな…

春のうたあそび 2

こいのぼり

子どもたちと
こいのぼりになりきって、
泳ぎ回りましょう。

ケロポンズから

風がいっぱい吹く日のこいのぼりは元気いっぱい。風のない日のこいのぼりはのんびりだらり。いろいろな日、いろいろな子がいていいよね！　数をいう前に、ちょっともったいぶると楽しさが増します！　まだ数がわからない小さな子たちは、数を決めずにつながって泳いだり、表現あそびにして楽しんでね!!

こいのぼり

作詞／平田明子　作曲／増田裕子

C G G7 C
こ い こ い こい のぼり こ い こ い こいのぼり
C F G C
げん きなこいだ こいのぼり と も だ ち み つ け て 2ひき！

動画でチェック！
ここからアクセスすると……「こいのぼり」が見られます。

あそび方

1 こいこい

2 こいのぼり

手のひらを合わせて前後左右に振って、こいのぼりになって泳ぎ回る

3 こいこい

1と同様に

立ち止まって、風に揺れているように、片方の足を振る

4 こいのぼり

2と同様に

5 げんきな　こいだ　こいのぼり

1より早く泳ぎ回る

6 ともだち　みっけて

スピードを落として、まわりのともだちを確認する

7 2ひき！

保育者が「○ひき」という。指定された人数でつながって片方の足を振る

いろいろな数で泳いでみましょう！

＼5ひき！／

＼4ひき！／

＼3びき！／

手をつないでバランスをとって泳いでみてね!!

春のうたあそび3
ダチョウ アチョー！

ケロポンズから

草原を元気よく走るダチョウを、見たことがあるかな？
大きなダチョウのように、豪快に走ってみてね！

新しく出会った友だちと一緒に、
楽しくうたってあそびましょう！

HOME IS WHER
I WANT TO BE
LIFT ME UP AND
SWING ME AROU

ダチョウ　アチョー！

作詞／平田明子　作曲／増田裕子

C G C G F C
ダチョウははしるよ　あしあげてーえ　ダチョウははしるよ　あしあげてーえ
まつげはばっちり　ダチョウアチョー!!
あーしはふとくて　ダチョウアチョー!!
G C F C G F C
くちばしとんがり　ダチョウアチョー!!　はしるのはやいな　ダチョウアチョー!!　ダチョウはとばない　ダチョウアチョー!!
たまごは1.5キロ？ダチョウアチョー!!　スーパーキックだ　ダチョウアチョー!!　ダチョウはやちょうだ　ダチョウアチョー!!

動画でチェック！

ここからアクセスすると……
「ダチョウ　アチョー！」
が見られます。

あそび方

1番

1 ダチョウは～てぇ

ももを高く上げながら、右方向に歩く

2 ダチョウは～てぇ

1 と同様に
左方向に歩く

3 ダチョウは～てぇ（くりかえし）

1 2 と同様に

4 まつげは～アチョー!!

パチ
パチ

手をまつ毛に見たてて、
パチパチさせながら、その場で走る

5 くちばし～アチョー!!

パク
パク

手をくちばしに見たてて、
パクパクさせながら、
その場で走る

6 はしるの～アチョー!!

ももを高く上げながら
その場を一周する

7 ダチョウは～アチョー!!

アチョー!!

手足をバタバタ
早く動かして、
最後にポーズ

2番

1番とほぼ同様ですが、4～6は歌詞に合わせて当て振りしましょう

翼が大きい

ジャンプするように走る

速く走る

ダチョウ
みつけた！
たまごが
大きいね

子どもたちと、ダチョウの絵本などを見て、どんな動きをするか考えてみましょう

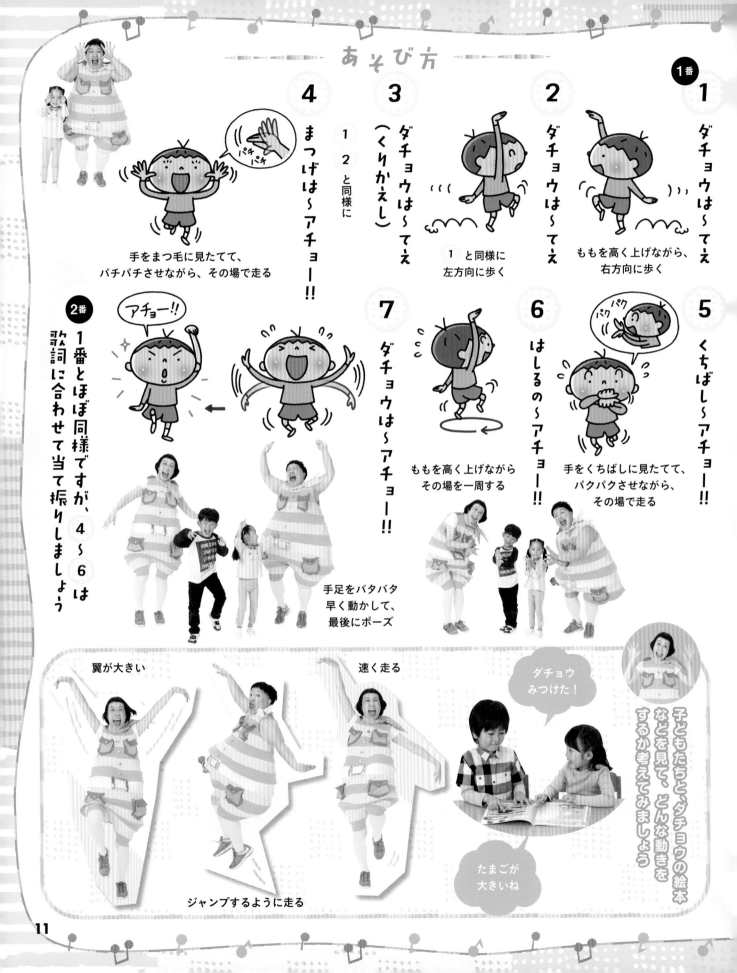

春のうたあそび4

紙ストン・ロー!!

ケロポンズ&りゅうぞうさんから

「やったー！」をシンプルに楽しんでもらえるあそびです！　歌をうたって気持ちを集中させたら、さあ挑戦！参観日などで、保護者と一緒にあそんでもいいですね。

コピー用紙を丸めて作った棒を
3本用意します。
500㎖のペットボトルの口の穴に
向けてストン！
何本入るかを競います。

りゅうぞう

紙ストン・ロー!!

作詞・福田りゅうぞう　作曲・平田明子

C F C G C G7 C
いきをすって　はいて　しずかにしんこきゅう　スーハー　ストン　ロー

動画でチェック！
ここからアクセスすると……
「紙ストン・ロー!!」が
見られます。

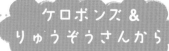

♪いきをすって〜スーハー

あそび方

初級

座ったままの高さから、
ねらいます。
スーハー、
ストン・ロー！！

♪ロー

♪ストン

やったあ！

ちょっと
ドキドキ！

中級

たてひざの高さから、
ねらいます。
スーハー、
ストン・ロー！！

棒の真上から
ねらって……

はいった！

上級

立った高さから、
ねらいます。
スーハー、
ストン・ロー！！

逆に差す

1/4くらいのところを切る

1・2 歳 児 に は

棒が入りやすいように、
ペットボトルを上から
1/4くらいのところで
切って口を下にして差し、
穴を大きくします。

Q&A コーナー1

あそびうたやあそびについて

Q1 子どもたちにとって、あそびうたはどのようなものだと考えていますか？

プラスの感情を表現するもの、表現を引き出すものだと思っています。嬉しい、楽しい、おもしろい、心地いいなど。あそびうたをしていて悲しくなったり怒ったりすることってあまりないですよね!?（勝ち負けのある場合は「悔しい」の感情もありますが）あそびを通して気持ちを表現することは、体と心のスキンシップにもなると思っています。

りゅうぞう

「あばばのばあ！」とやると赤ちゃんは笑います。不思議ですね。なんだかわからないけど、やると楽しい。あそびうたって、あってもなくてもいいようなものかも……。でも、いつでもどこでもできて、リズムや音楽に合わせて手や体を動かしたり、友だちとふれあったりできるあそびうたは、きっと子どもたちの五感を刺激するとても大切なものだと思います。

ケロ

Q2 あそびを提案する時にどんなことを大切にしていますか？

子どもたちの中から湧き出てくるやりたい、やってみたい！というパッションがいちばん大切だと思っています。まずは提案する私たちがワクワクするあそびであることが始まり。あそびに緩みがあり、あそぶ中で楽しい方にどんどん変化できるものが好き。おもしろーいって思った時の子どもたちのキョロッとした目が見えたらめちゃくちゃ嬉しくなります！

ポン

子どもの状況を見て一人寸劇を始めたり、そっと近づいていって、あそびにアクセントを加えたり……。成長するにつれて「このあそびをもっとしたいけど、続けてもいいのかな？」って自分で制限してしまう子が出てきますよね。そんな子たちのために、わざと落とし穴に落ちたり、水たまりに入ったりすることも。とことん楽しんでほしいので、一肌脱いでます。

入江

Q3 あそびうたはどんな時思いついているのですか？

子どもたちとあそびながら思いついたり、こういうのがあったらおもしろいかもと考えたりもします。なぜか運転中にアイデアが降りてきやすいです。いろんな人とアイデアを出し合って作っていく時もあって、それもまた楽しいです。思いついたらまず子どもたちとやってみます。子どもたちの正直な反応はドキドキもしますが、いちばん楽しみでもあります。

川崎

自分の中の子ども心をぽわんと思い浮かべながら作ったりしています。小さい私は何が好き？　こんなことしたらおもしろい？なんて想像しながら。ポンちゃんと電車の移動中に喋りながら作ったり、楽屋でみんなでごっこあそびみたいなことをしたり（笑）。そういうことの中からあそびの種が生まれたり、子どもたちとあそんでいる時に思いついたりします。

ケロ

夏のうたあそび

星や宇宙への興味がひろがる季節に
ふさわしいあそびをご紹介。
プールあそびの準備体操に
ぴったりなうたあそびもどうぞ！

夏のうたあそび 1

あめがふる

ザーザー　雨の季節に、
濡れているもののまねを
してあそびます。

ケロボンズから

子どもたちと一緒なら、雨の日の散歩も楽しいですよね！　いろんな発見があるし、濡れてちょっと気持ち悪いのも大事な体験です。ひどい雨の日には、子どもたちと空想の雨であそびましょう！　何が雨に濡れているのかな？　思わぬものが出てきても、ちゃんと子どもたちの意見を拾ってください‼

ヌルヌル
かたつむりくん

ケロケロ
かえるちゃん

動画でチェック！

ここからアクセスすると……
「あめがふる」が
見られます。

あめがふる

作詞／平田明子　作曲／増田裕子

C
G
C
あめがふる
あめがふる
ぬれているのは
かたつむり
かさ
いえ

あそび方

1

あめが　ふる
あめが　ふる
ぬれているのは

雨が降る動きをする

2

かたつむり

みんながかたつむりになる

2をいろいろ変えて、その形をつくってみましょう

ケロポンズから

おにごっこなど、ちょっと追い込まれてあそぶのが好きな子どもは、たくさんいます。このあそびは、ぜひおとながいっぱいいる時などに、やってみてください。うまくながれぼしになって抜け出した時の子どもたちの満足げな表情は最高！おとなが足を肩幅に開いて、「足の間を抜けてもいいよ」と言うと、子どもは目を輝かせて、そこをねらってきますよ！

夏のうたあそび2

ながれぼし

手をつないで作った大きな輪の中から、外に抜け出すあそびです。夜空を走るながれぼしのように、スーッとスムーズに動いて抜け出しましょう。

ながれぼし

作詞／平田明子　作曲／増田裕子

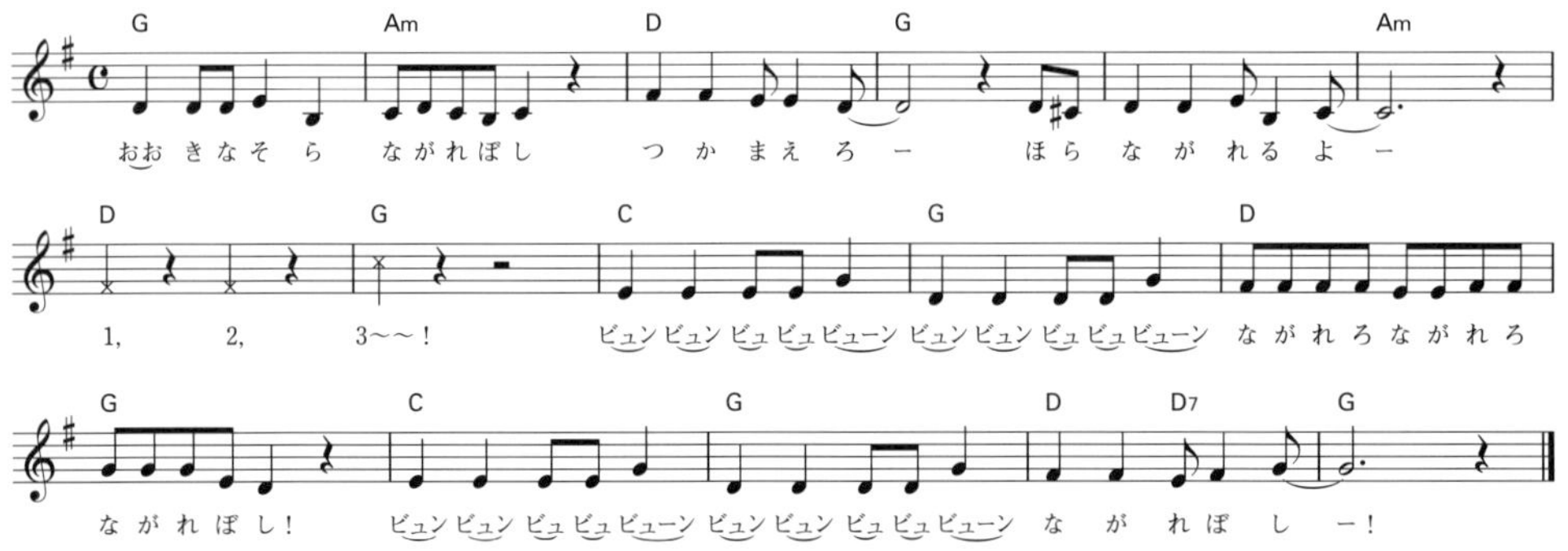

動画でチェック！

ここからアクセスすると……「ながれぼし」が見られます。

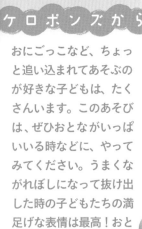

あそび方

準備

おとな（もしくは子どもたち半分）が、
手をつないで輪になり、残りの子どもは中に入る

1

おおきな　そら　ながれぼし
つかまえろ　ほら
ながれるよ

輪の人たちは、歌いながらくるくる回る

2

1、2、3！

止まって、
1、2、3！と
かけ声をかける

3

ビュンビュン～
ながれろ　ながれろ
ながれぼし！

輪の人たちは、中の子が出ないように守る

4

ビュンビュン～
ながれぼし！

中にいる子たちはながれぼしになって、外に飛び出す

夏のうたあそび3

およよよよ〜ん！

画用紙を丸く切って目玉を作りましょう。

身近にあるものにつけてみたら……。

あれあれ、不思議な生き物に見えてきた！

ケロポンズ＆すかんぽから

いつも身近にあるものに目があって、お話をし始めたら……。いろいろなものに目をつけてみましょう。もしもごっこの世界のはじまりはじまり〜。

入江浩子
川崎ちさと

およよよよ〜ん！

作詞・入江浩子　川崎ちさと
作曲・平田明子

Dm
C
Dm
みてるみてる　こっ　そ　り　み　て　る
Gm
Dm
Gm
A7
Dm
およよ　およよ　およよ　およよ　およよ　およよ　およよよよよーん

動画でチェック！

ここからアクセスすると……

「およよよよ〜ん！」

が見られます。

あそび方

① みてる　みてる

歌いながら指に貼った目を自由に動かす

② こっそり

片方の手で目を隠す

③ みてる

目をひょこっと出す

④ およよ～およよ

目をつけるものを探す

⑤およよよよ～ん！

見つけたものに目を貼る

あいさつしたり、
質問したり
してみましょう。

いろいろな目玉をつけてあそぼう！

ボールマル

テープムリ

ハサミン

ツミキリン

ワッカッカ

ペンノッポ

夏のうたあそび4

スイスイスイミング

ケロポンズから

あそびながらできる準備体操です。水の気持ちよさを想像しながらあそんでみて。慣れてきたら手や足をフリフリするのを違う動きにして、何度もくり返せばかなりちゃんとした体操になります。水の中に入るのに準備体操は大切。でもやらなくちゃ、じゃなくてあそんでいたらそれが自然と準備体操にもなってたのねーってのが子どもたちとの生活にあってると思います！

楽しい夏を！

ザブーン！

夏だ！　プールだ！
みんなで楽しもう！
と、その前に、
準備体操で
あそんじゃおう！

動画でチェック！

ここからアクセスすると……

「スイスイスイミング」

が見られます。

スイスイスイミング

作詞／増田裕子　作曲／平田明子

C
G
スイスイスイミング
およぐってきもち いい
おもいきりザブンて
G7
C
G
C
とびこんで みよう ザブーン
きょうもクルクル クロール
きょうもヒラヒラ ひらおよぎ
きょうもジタバタ バタフライ
きょうもせいっーと せおよぎ
きょうもクルクル クロール
きょうもヒラヒラ ひらおよぎ
きょうもジタバタ バタフライ
きょうもせいっーと せおよぎ

あそび方

1

スイスイ
スイミング

両手をぶらぶらと振る

2

およぐって
きもちいい

手と一緒に足も交互に振る

3

おもいきり
ザブンて

首をぐるりと回す

4

とびこんで
みよう

首を反対に回す

5

ザブーン

両手を前に伸ばす

6

きょうも　クルクル
クロール　くり返す

腕をクルクル回して
クロールの動きをする

2番以降、5までは同様

2番6

きょうも
ヒラヒラ
ひらおよぎ
くり返す

胸の前で水をかいて、
平泳ぎの動きをする

3番6

きょうも
ジタバタ
バタフライ
くり返す

両腕を一緒に前に回して
バタフライの動きをする

4番6

きょうも
せいっと
せおよぎ
くり返す

両腕を交互に後ろに回して
背泳ぎの動きをする

ほかにもどんな泳ぎ方がある？
と、子どもに聞いて
自由にあそんでみましょう。

浮き輪でプカ～

犬かき

夏のうたあそび 5
グリンピース

ケロポンズから

みんなでピースを作って歌いながらあそんでみて。慣れてきたらスピードアップ！ どのくらいまで速くできるか、挑戦してみてね！ 小さな子どもたちは、ピースのところをグーのままやってもいいと思います！ 自由に変えてあそんでね！

みんなのお得意ピースポーズ。
グリンピースのピースあそびを紹介します。
世界中の子どもたちと一緒にあそべると、
すてきですね。

ピース
ピース
ピース
ピース
HOME IS W
I WANT T
LIFT ME
SWING M

動画でチェック！
ここからアクセスすると……
「グリンピース」が
見られます。

グリンピース

作詞／平田明子　作曲／増田裕子

C G Dm C
ピー スピースピース グリンピース ピー スピースピース グリンピース ピー スピースピース
G F G7 C F C
グリンピース グリングリングリンピース イエイ！ パンパンパンパン さやのなかから ころんころんころんころん
D7 G F C F G7 C
すてきだろ？ ぼくたちマメな なかまだぜ グリングリングリンピース イエイ！

あそび方

1 ピース ピース ピース

ピースの指を3回前に軽く押し出す

2 グリン

かいぐりする

3 ピース

ピースを前に出す

4 ピース～グリンピース

1～3を2回くり返す

5 グリン～グリンピース

2をくり返し、3をする

6 イエイ！

片方の手を高く上げる

7 パン～さやのなかから

好きな位置で8回手をたたく

8 ころん～ころろん

手を丸く握って左右に揺らす

9 すてきだ

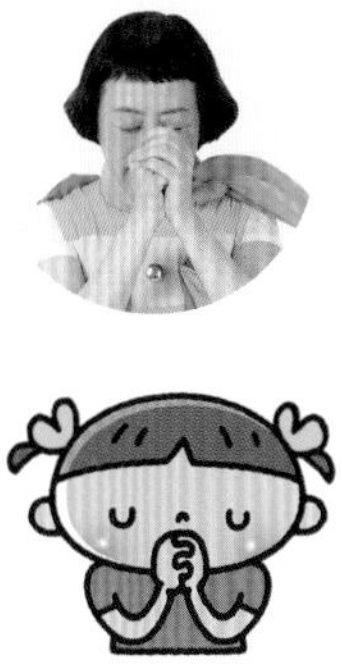

握った手を顔の前でとめる

10 ろ？

手を開いて顔の左右に広げる

11 ぼく～なかまだぜ

7と同様に

12 グリン～ピース

5と同様に

13 イエイ！

片方の手を高く上げる

だんだん速くしてあそぶと楽しいですよ

♪ピースピースピース～グリンピース　イエイ！

♪パンパン～ころん～グリンピース　イエイ！

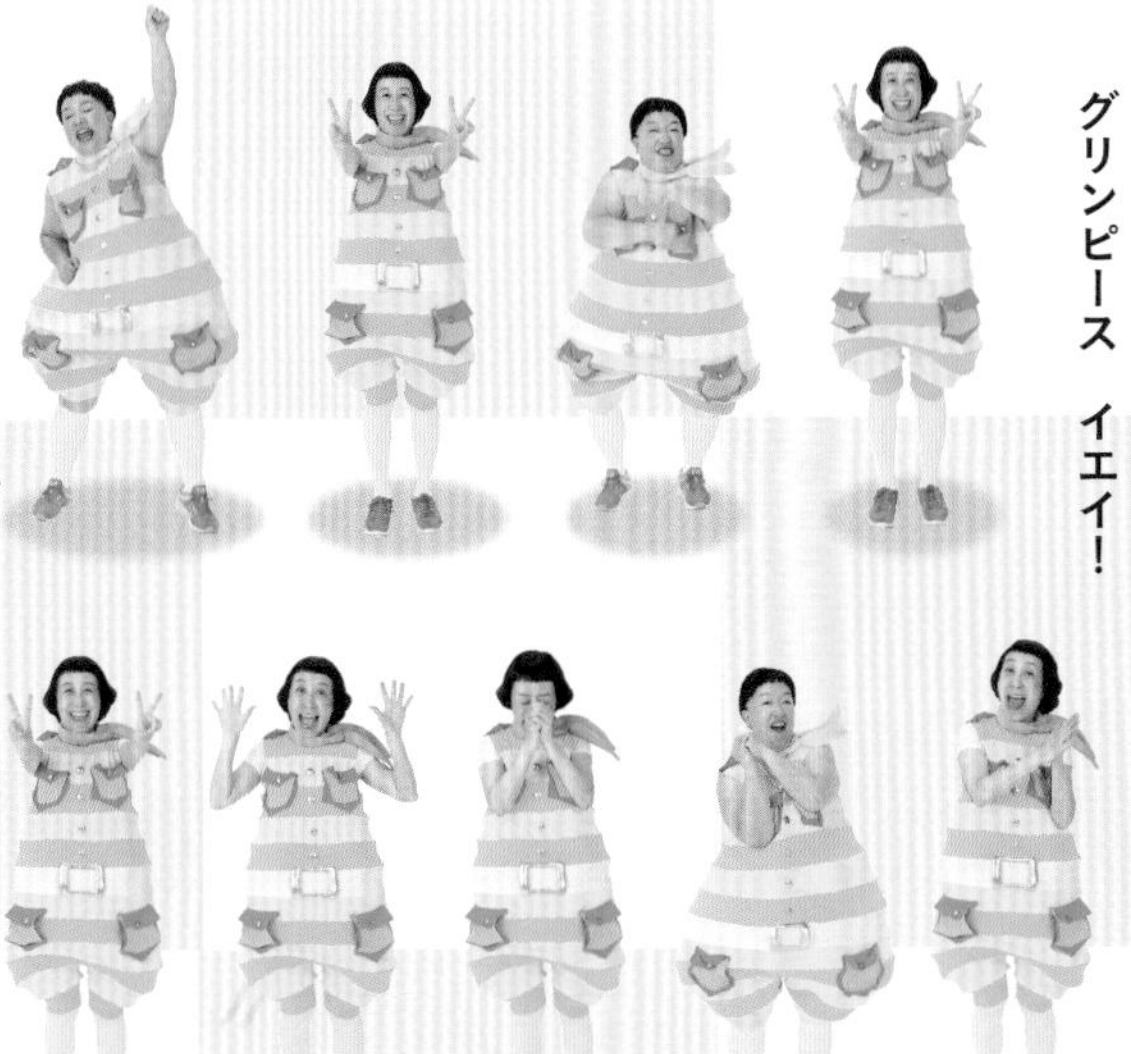

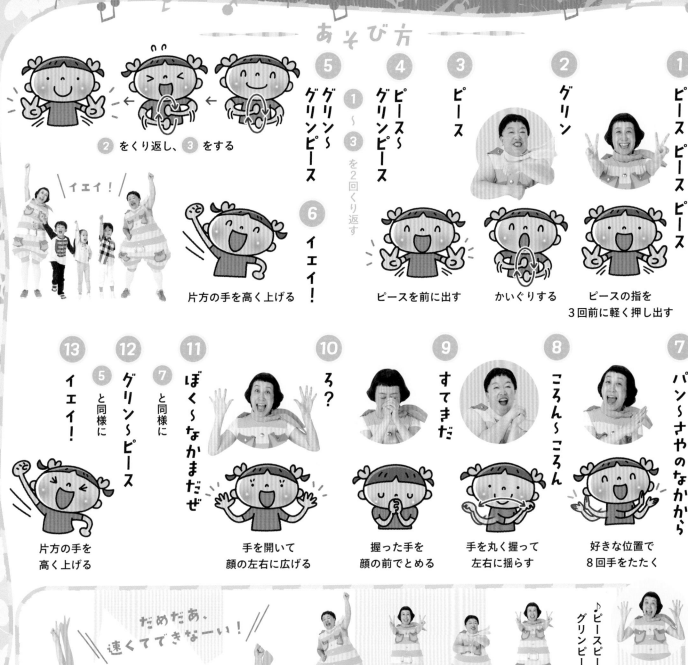

Q&A コーナー2 子どもとの関わり

Q1 パネルシアターをする時、どんなことを大切にしていますか？

パネルシアターは、見ている子どもたちの様子を見ながら演じています。子どもの言葉を拾ってコミュニケーションしながら進めていくのがパネルシアターの醍醐味だと思います。絵人形を見えやすいように貼るとか、しっかり練習して覚えることも大切ですが、「何よりも自分が楽しんでやる！」のが一番だと思います。自分らしく楽しみながらできるといいですね。

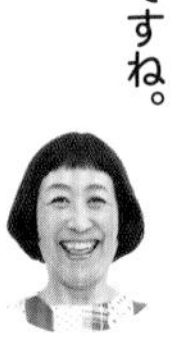

ケロ

同じパネルシアターでも、毎回子どもたちの反応で少しずつ流れが変わります。例えば、たくさん話しかけてくれる子どもたちがいたら、その子たちの反応を取り入れてストーリーを進めていきます。パネルシアターは絵本よりもゆるりとしていて、いつも同じ展開にならなくてもいいので、子どもたちと一緒に作っている、そんなゆるさが好きだし大切だと思います。

ボン

Q2 子どもとあそびうたを楽しむ時、どんなことを大切にしていますか？

楽しい時間にしたいので、全力でやります！ 表情、動き、声の出し方も！ それと、「やりたくない」「今はそんな気分じゃない」という子は、やらなくても良いと思っています。だって、やりたくないんだから。ただ、その場にはいてほしいです。みんながあそんでいる姿を見て、空気を感じてほしいです！ その子に関われるチャンスがあるかもしれないので！。

りゅうぞう

あそびうたやダンスって、子どもなら誰でも好きなのかというと、実は苦手な子もいますよね。でもそんな子も、友だちが楽しんでいる姿を見るのは好きだったり、家に帰ると口ずさんだり、あそんでいたり……。子どもそれぞれに、いろいろな楽しみ方があるのかなと思っています。なので、強制的にはしないで、コーナーあそびの一種として考えています。

入江

Q3 子どもたちに話をする時に、どんなことを大切にしていますか？

子どものペースに合わせています。例えば、目を見て話すことが嫌な子も、スキンシップをとりながらだと落ち着いて話を聞けたりするので。子どもの集団に話をする時は、伝えたいことを明確にして、わかりやすく楽しく話すようにしています。注目してもらえるように、劇を演じるように話してみるのもいいと思います。

入江

私自身、ガツガツと来られるのが苦手な子どもだったので、声の大きさに気をつけています。他愛ないやりとりの時も一方的な伝え方にならないように、特に大切な話の時は価値観の押し付けにならないように、おとな対子どもというよりは、対等な関係で誠実でありたいと思っています。何よりも言葉と気持ちのキャッチボールを楽しみたいと思っています。

川崎

秋のうたあそび

全身を動かすダンスや体操から
ちょっと知的なことばあそびまで、
バラエティー豊かに秋を楽しみましょう。

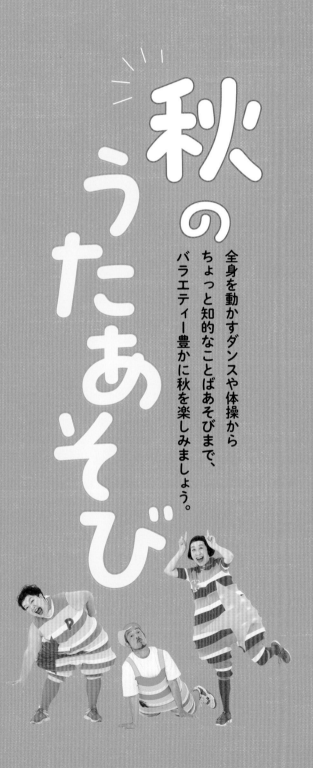

ケロポンズの

秋のうたあそび 1

フクロウ仙人

動画でチェック！

ここからアクセスすると……「フクロウ仙人」の動画が見られます。

『フクロウ仙人』を、さらに踊りやすくアレンジした新バージョンです。運動会のダンスにも使えます。歌詞の「フー」「ハー」「ヒーハーホー」は、大きな声で掛け声を！

1 前奏（4呼間）

軽くひざを曲げて足をがに股に開く(⑧まで同様に)。右手をゆっくり上げて、ゆっくり下げる。

2 前奏（4呼間）

左手をゆっくり上げて、ゆっくり下げる。

3 前奏（6呼間）

両手を外から大きく回し、胸の前まで下げる。

4 前奏（2呼間）

胸の前で握ったこぶしを合わせる。

5 フーハー

パーにした右手を素早く左に押し出す。左手は腰にあてる。

6 ヒーハーホー

パーにした左手を素早く右に押し出す。右手は腰にあてる。

7 フーハー

両手の手のひらを前へ素早く押し出す。

8 ヒーハー

両手を握り、胸の前でクロスする。

9 ホー

右足をけり上げる。

10 フーハー　ヒーハーホー
フーハー　ヒーハー
⑤〜⑧をくり返す

11 ホー

左足をけり上げる。

12 （フー！）誰も知らない　森のおく

⑤のポーズを取り、右手をゆっくり反対側へ回す。

13 （ハー！）フクロウ仙人　すむという

⑥のポーズを取り、左手をゆっくり反対側へ回す。

14 （ヒー！）ひとりしずかに　目をとじて

⑦のポーズを取り、両手を前に突き出しながら３回ジャンプする。

15 修行にはげむ
③〜④をくり返す

16 ※フーハー　ヒーハーホー
フーハー　ヒーハーホー
フーハー　ヒーハーホー
フーハー　ヒーハーホー
⑤〜⑪をくり返す

17 （フー！）まっくらくらな　真夜中に
（ハー！）フクロウ仙人　飛びまわる
（ヒー！）枝から枝へ　音もたてず
えものをねらう
⑫〜⑮をくり返す
※をくり返す
⑤〜⑪をくり返す

振付監修・福田りゅうぞう

18

深く深く　息をすい

フォーメーション

手を羽のように４回動かして、しゃがむ。

手を体の前で組み、頭を下げてじっとする。

19

おなかの底から　息をはく

フォーメーション

しゃがんだままじっとしている。

手を羽のように４回動かして、しゃがむ。

20

大きく　目を

手を羽のように
動かしながら
立ち上がる。

21

みひらいて

両手の親指と
人さし指で輪を作り、
目にあてる。

22

羽をひろげ

右手を上げる。

23

さけぶの

左手を上げる。

24

じゃ

その場で１回転して
両手を下ろす。

25

敵も

両手を下から
大きく回す。

26

味方も

両手を顔の前で
クロスする。

27

ないのじゃよ　ただ

ひざ屈伸を２回行う。

28

己のために

両手を下から
大きく回す。

29

修行する

両手をグーにして
胸の前に引き寄せる。

30

のみ

右手と右足を
前に出す。

31

ホー!!

両手を上げて
数回ジャンプする。

32

※を2回くり返す

⑤～⑪を2回くり返す

33

フーハー　ヒーハーホー
フーハー　ヒーハーホー

⑦～⑨、⑦⑧⑪をくり返す

34

（ラスト）

両手を下から
大きく回しながらジャンプし、
胸の前で握ったこぶしを合わせる。

※フクロウ仙人の音源はCD「エブリデイ！あそぼうケロポンズBEST」（カエルちゃんオフィス）に収録。

秋のうたあそび2 おいもがドン！

ケロポンズから

実りの秋はおいもほり。おいもほりに行くと、こんなにつるがあるんだなあとびっくりします。みんなで手をつないでつるになったり、おいもになったりしてあそびます。いっぱいあそんでおなかがすいたら、やっぱり食べたい焼きいも～!!

暑さがやわらぎ、過ごしやすくなりました。
みんなで走ったりつながったり、パワフルに
あそびましょう。

おいもがドン！

作詞／平田明子　作曲／増田裕子

Am
のびてくのびてく　いものつる　のびてくのびてく　いものつる
Am
のびてくのびてく　いものつる　のびてくのびてく　いものつる『ドン！』「おいも！」
「大きいおいも！」

動画でチェック！

ここからアクセスすると……
「おいもがドン！」
が見られます。

あそび方

1

のびてく　のびてく
いものつる

手をつるがのびるように動かしながら
ひとりで自由に走り回る

2

のびてく
のびてく
いものつる

近くにいる人と手をつなぐ

3

のびてく
のびてく
いものつる
（くり返し）
ドン！

どんどん手をつないで、
つながる

4

おいも！

すばやく手を放して、しゃがんで、いもになる

5

大きいおいも！

すばやく手をつないで大きい輪になる

★くり返しあそび
リーダーが「おいも！」と言ったら④を
「大きいおいも！」と言ったら⑤をします

手をつないだまま、
その場にしゃがむ

★年長さんくらいになれば
「3人のおいも」「8人のおいも」
「もも組さんのおいも（全員）」など
いろいろ変えてあそんでも楽しいです

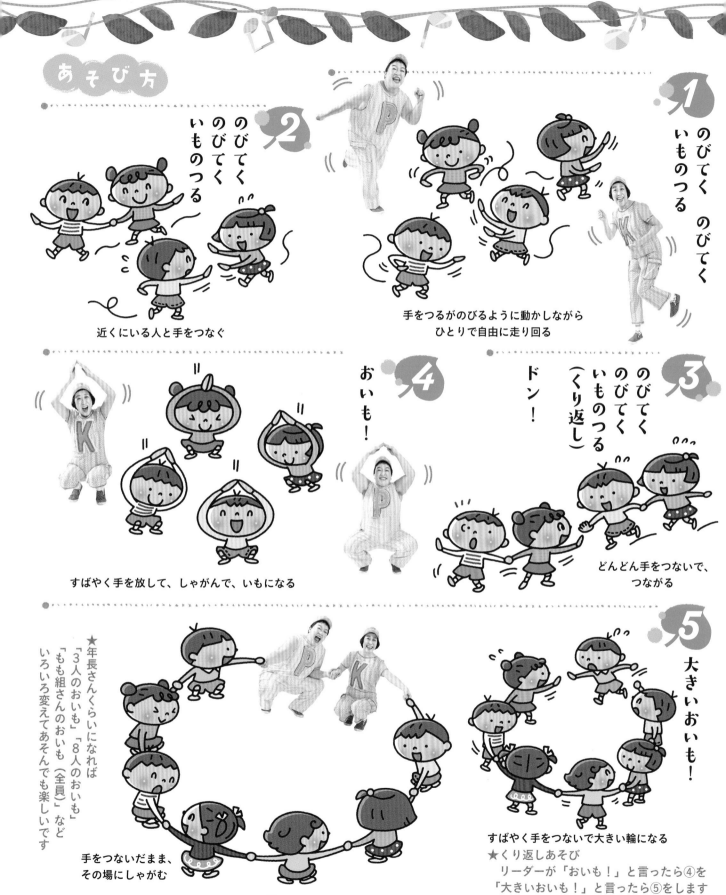

みけねこ　ばけねこ　まねきねこ

ケロポンズから

曲の最後にリーダーが言ったねこのポーズを反射的に素早くやる、というあそびです。言ったねこができるようになったら、今度は言ってないねこ（リーダーがまねきねこと言ったら、みけねこかばけねこ）をやるというあそびに発展してもいいですね！　子どもたちと新しいねこ（トラねことか子ねことか）を増やしてあそんでも盛り上がります！

おいかけっこに発展させて楽しめる、ごっこあそびの歌です。

ぎゃー
にゃー

動画でチェック！

ここからアクセスすると……「みけねこ　ばけねこ　まねきねこ」が見られます。

みけねこ　ばけねこ　まねきねこ

作詞／増田裕子　作曲／平田明子

C
G
C
G
C
みけねこばけねこ　まねきねこ
みけねこばけねこ　まねきねこ
ねこねこ
みけ　ニャー
ばけ　ギャー
まねき「…」
（ランダムに）

あそび方

準備

輪になってリーダーを囲む

1 みけねこ

頭の上で、ねこの耳を作る

2 ばけねこ

おばけのような手をする

3 まねきねこ

ねこまねきの手をする

4 みけ〜まねきねこ

1〜3をくり返す

5 ねこねこ

両手を握ってぐるぐる回す

6 最後に、リーダーの言うポーズをする

みけねこ
ニャ〜♥

ニャーと言いながらみけねこポーズ

ばけねこ
ギャ〜!

ギャーと言いながらばけねこポーズ

まねきねこ
・・・・

何も言わないでまねきねこポーズ

きゃー
きゃー
きゃー
きゃー

おいかけっこの要素を加えてみましょう

最後にリーダーが「ばけねこ!」と言ったら、「きゃー」とみんな逃げる
つかまった人が、次のリーダーになる

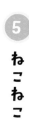

秋のうたあそび4
エイタンゴ

英単語がたくさん出てくることばあそびの歌です。

ケロポンズから

タンゴ調の曲に合わせて単語を言ってたら、知らないうちに覚えちゃったみたいなことになるかもしれない?! 楽しいが一番！ ほかにもあいさつや身の回りのもので替え歌をしてもいいですね！ 子どもたちとカード作りからやってみるのも、楽しいと思いますよ！

オレ!
オレ!

準備

歌詞に出てくる動物などのカードを準備する

表

裏

いぬ
Dog

カードを歌詞の順番に重ねて束にする。紙芝居の要領で、いぬのイラストが見える時、束の一番後ろのカードの裏に「いぬ Dog」と書き、めくりながら同じ要領で歌詞を裏に書いていく。

あそび方

1 いぬ～くまベアー

いぬ
dog～

保育者は歌詞に合わせてカードの表を見せながら、みんなで歌う

2 タンゴ～タンゴ

タンゴ
タンゴ
すべてのものに

自由に手拍子する

3 オレ!

パン
パン
オ
レ!

耳の横で拍手する

ほかにも日常でみつけたものを歌にして、英単語カードを作ろう

ありさんは?

あり　Ant　アント

エイタンゴ

作詞／平田明子　作曲／増田裕子

いぬ dog ねこ c-a-t さる mon-key うさぎ rab-bit
さかな fi-sh たこ oc-to-pus かに cra-b えび sh-rimp
きりん gi-raffe ぞう el-e-phant うま hor-se くま be-a-r タンゴ タンゴ
かめ tur-tle さめ sha-r-k いるか dol-phin ぺんぎん pe-n-guin タンゴ タンゴ
すべてのものに エイゴ タンゴ タンゴ うたってみて タンゴオレ!
すべてのものに エイゴ タンゴ タンゴ うたってみて タンゴオレ!

動画でチェック！

ここからアクセスすると……「エイタンゴ」が見られます。

カード

いぬ　Dog　ドッグ

ねこ　Cat　キャット

さる　Monkey　モンキー

うさぎ　Rabbit　ラビット

きりん　Giraffe　ジラフ

ぞう　Elephant　エレファント

うま　Horse　ホース

くま　Bear　ベアー

さかな　Fish　フィッシュ

たこ　Octopus　オクトパス

かに　Crab　クラブ

えび　Shrimp　シュリンプ

かめ　Turtle　タートル

さめ　Shark　シャーク

いるか　Dolphin　ドルフィン

ぺんぎん　Penguin　ペンギン

●イラストをご利用になる際には、このメッセージが見えるようにしっかり開くと、きれいにコピーすることができます。

秋のうたあそび 5

できるかな？ できるかな？

ケロポンズ＆りゅうぞうさんから

それぞれの動物の特徴を、ダイナミックに表現しました。「できるかな？　できるかな？」、軽〜いノリで、歌に合わせて〝ストレッチあそび〟、いってみましょう！

歌に合わせて、
動物のまねっこ体操をして
あそびましょう。

できるかな？ できるかな？

作詞・福田りゅうぞう　作曲・平田明子

F
B♭ F
B♭ C F
できるかなー　できるかな？
ぞ うさんの くりひろい
あ ざらしの あーやとり
トム ソンガゼルの なーわとび
C7
できるかな？　できるかな？　できるかな？　できるかな？

動画でチェック！

ここからアクセスすると……
「できるかな？　できるかな？」
が見られます。

あそび方

1番・ぞうさんの栗拾い

① できるかな？

手を伸ばして
体を右に曲げる

② できるかな？

手を伸ばして
体を左に曲げる

③ ぞうさんの栗拾い

両手を横にひろげて
２回まわす

④ できるかな？
……（16 呼間）

ひざを伸ばしたまま手で床をタッチ

2番・アザラシのあやとり

①〜③までは１番同様。
④でアザラシのポーズ

うつぶせになって上体を反らし、
手であやとりのまねっこ

3番・トムソンガゼルの縄跳び

①〜③までは１番同様。
④でトムソンガゼル
のポーズ

両手でつのを作り、
足を開いて
連続ジャンプ

ほかにもできるかな？

ムササビの靴下直し

両足を開いて座り、両手で

足の指先にタッチ

クリオネのこま回し

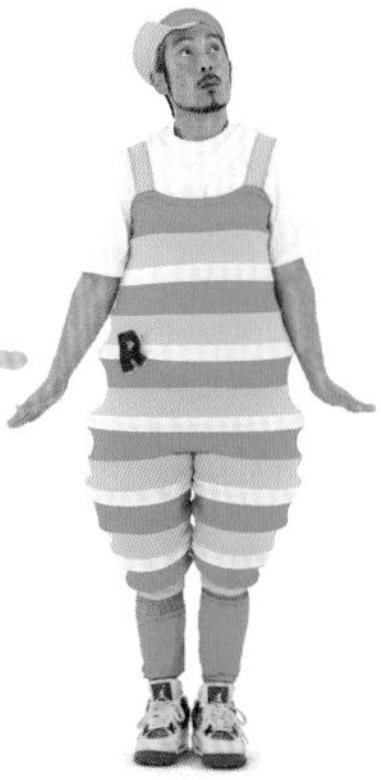

両手を腰のあたりで
小さく開いて

そのままクルリと
回る

オランウータンのだるまさん

あぐらをかいて
そのまま後ろへ

ゴロンしたら、
また元に戻る

Q&A コーナー3 保育者としての悩み

Q1 私は保育士2年目です。先輩の保育観と私の保育観でズレがあるようです。どうしたらいいですか？

保育観のズレがあると、おとなばかりか子どもたちも迷ってしまって、保育がうまくいかなくなりますね。複数担任の場合は、まず話し合うこと。自分の思いを伝え、相手の思いを聞くことで、視点が変わるかもしれません。ただ、意見を言いづらい場合もあるのでは。自分の中に溜め込まずに、パイプ役となる先生にまずは相談するのも一案ですね。

入江

保育の仕事に経験値は大切だと思います。ただ、経験値が「絶対」ではないとも思ってます。「どうして？」と思ったら、先輩にどんどん聞いてみてはどうでしょうか。もしかしたらあなたしか気づかない視点なのかもしれないし、話してみて「そうなんだ！」と理解が深まるかも。大切なのは、いろんなおとな（保育者）のいろんな目で子どもたちを見ることなんじゃないかと！

りゅうぞう

Q2 泣いたり、寂しい思いをした時、甘えに来る子がいます。他の保育者から「甘やかしている」と言われてしまいました。子どもを甘やかしてはいけないのでしょうか？

「甘えに来る」という言い方、考え方を変えてみてはどうですか？　大好きな先生、信頼できる先生の膝の上で「気持ちを整える時間」なんじゃないかと思います。年齢にもよると思いますが、自分1人じゃ整えられない時もあるでしょう。先生の「ぎゅー！」が必要ならいくらでもしてあげて良いと思います！　合言葉は「整いましたー！」なんて（笑）。

りゅうぞう

信頼関係、愛着関係ができているからこその行動ですよね。まさに保育士がいるは人的環境であり、その保育士がいるからこそ、子どもは安心感を持ったり、園生活が楽しくなったり、意欲にもつながったりするのだと思います。甘やかすこととは違います。子どもが泣いたり、寂しい思いをした時なんて特に「ぎゅーっ！」ってしてあげたいですね！

入江

Q3 自分の気持ちを伝える時泣きそうになります。どうしたら直ると思いますか？

私の知っている人は、「涙が出そうになったら少し休憩を挟み、気持ちを落ち着かせてから話す」そうです。ただ、涙が出るというのは、それほど強い思いや意思があるからなので、我慢しなくても良いのでは？　気になるのなら、先に「泣いちゃうかもしれません」と言うのも良いかもしれません。伝えたいことを紙に書いて、それを読むのも一つの方法だと思います。

入江

私もしゃべりだしたら3秒で涙が出るので、職員会議でも一言目でだばーっと。伝えたい想いがいっぱいになればなるほど涙が……。でも最近は自分が話す時よりも、人の話を聞いている時に涙が出ることの方が多くなりました。これは慣れなのか、年齢なのか？　いろいろな人と話す機会を持つことが、気持ちを伝える時のいい意味での慣れにつながる気もします。

川崎

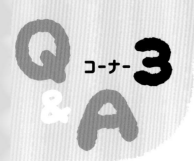

冬のうたあそび

寒さに負けずに元気にあそびましょう。
卒園・進級の時期、
胸キュンソングもお届けします。

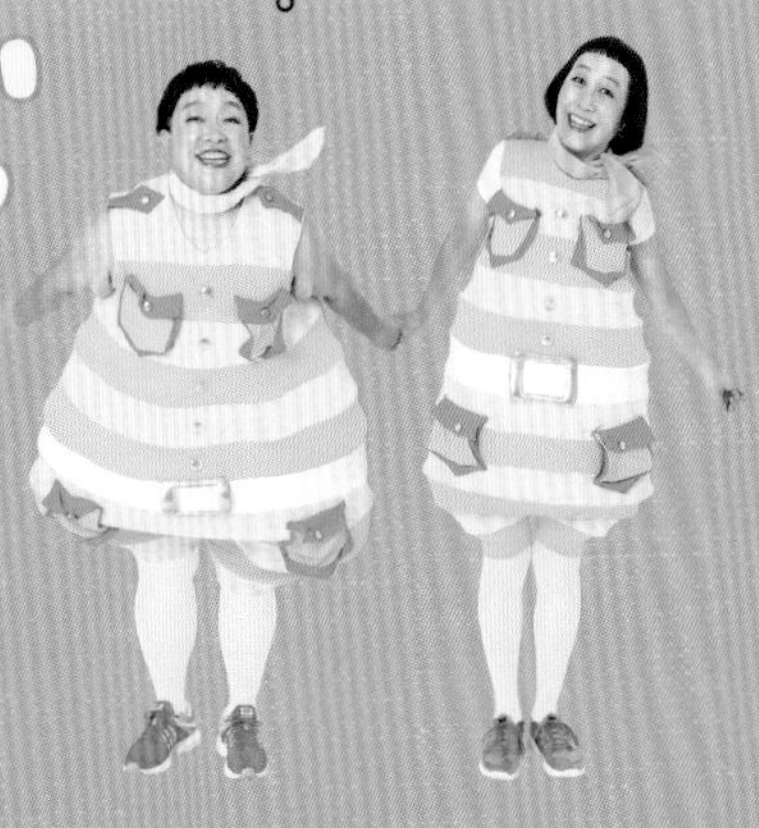

ケロポンズから

クリスマスは、多くの子どもたちにとって一大イベント！　サンタさん、来てくれるかな？　ドキドキワクワクをもっと盛り上げるあそびです！　変身の合図を思わぬところで言ってみたりすると、盛り上がりますよ！

冬のうたあそび 1

リンリンクリスマス

クリスマスの、
新しいあそびができました。
サンタさん・トナカイさんに
変身して進みましょう！

動画でチェック！

ここからアクセスすると……「リンリンクリスマス」が見られます。

リンリンクリスマス

作詞／平田明子　作曲／増田裕子

C
Dm
G
G7
C
たのしいクリスマス
うれしいクリスマス
リンリンリンリンリンリンリンリン
クリスマス
リン！
サンタ！
トナカイ！

あそび方

隊形準備

みんなで手をつないで輪になる

1

たのしいクリスマス
うれしいクリスマス
リンリン～　クリスマス

歌に合わせて、みんなで回る（右回りでも左回りでもOK）

2

「リン！」

歌の途中で保育者が、「リン！」というかけ声をかけたら、
反対方向に回る（「リン！」はランダムに言うと盛り上がる）

3

「サンタ！」

「サンタ！」という変身の合図が聞こえたら、
手を放して、袋を担いだサンタになって歩く

4

「トナカイ！」

「トナカイ！」という変身の合図が聞こえたら、
トナカイになってギャロップする

※サンタやトナカイになったあとは、適当なタイミングでまた歌いはじめ、同様にあそびます。

冬のうたあそび2
パラピンヒョン

ケロポンズから

これはちょっと脳トレのような手あそびです。年中さん、年長さんくらいになるとチャレンジするあそびをよくやります。簡単にできるより、少しだけ難しい、というのがポイント。小さな子はグーとパーだけでもいいですね！

♪パラピンヒョン
とうたいながら
あそんでみてね！

こんにちは！
ピン！

動画でチェック！
ここからアクセスすると……
「パラピンヒョン」
が見られます。

パラピンヒョン　作詞／平田明子　作曲／増田裕子

C
G7
C
パ ラ ピン ヒョン
パ ラ ピン ヒョン
パ ラ ピン ヒョン で
(1.～4.)こ ん に ち は
(5.)さ よ う な ら

1番

❶ パラ

ひじを曲げて
両手を前に向けてグーにする

❷ ピン

両手の人さし指を
立てる

❸ ヒョン

両手をパーにする

❹ パラピンヒョン
パラピンヒョン

❶から❸までを2回くり返し

❺ で、こんにちは

両手の人さし指を立て、
向かい合わせにして、
あいさつをしているように倒す

2番～5番

2番以降、2番～5番は立てる指を1本ずつ増やす。ほかは1番と同様に

2番

指2本

3番

指3本

4番

指4本

5番

指5本

5番

❺ で、さようなら

両手のひらを前に向けて、
バイバイする

小さな子はグーとパーで

1番

❶ パラピン

❷ ヒョン

❶❷を3回くり返し

❸ で、こんにちは

手はパーで倒す

2番

❶❷は1番と同様に

❸ で、さようなら

まだチョキが難しい小さな子たちは、
グーとパーだけ、曲に合わせて
動かしてみましょう。

冬のうたあそび 3

ピロピロUFO

ケロポンズ&
すかんぽから

廃材にちょこっと手を加えればUFOに！ しかもピロピロ揺れる動きがヘンテコでおもしろい！ さて、どこに着陸するのでしょうか？

身近な素材で
UFOを作ったら……
さあ、冒険に出発！

ピロピロUFO

作詞・平田明子
作曲・川崎ちさと

Dm C Dm
ピロピロU-FO ピロピロU-FO うちゅうじん ー ピロピロ
F
ピロピロチューン ピロピロチューン ピロピロチューン ピロピロチューン
F 1. E♭ F C Fm
ひじ、あたまなど身体の部位をいう（さいごはドッキング）
ちゃくりくー ピロピロ
2. F C Fm
ドッキングーー ピロピロ

動画でチェック！

ここからアクセスすると……

「ピロピロUFO」

が見られます。

1 ピロピロ UFO ピロピロ UFO うちゅうじん

UFO を指にはめて、自由に動く

2 ピロピロ

UFO をはめた指を 2 回曲げ伸ばす

3 ピロピロチューン

UFO を好きな方向に飛ばす

4 ピロピロチューン

別な方向に飛ばす

5 ちゃくりく ピロピロ

ドッキング

UFO を合体する

あたまに

UFO を頭にのせる

ひじに
（リーダーの指示）

UFO をひじにのせる

3、4 をくり返す

UFO の作り方

菓子箱 UFO

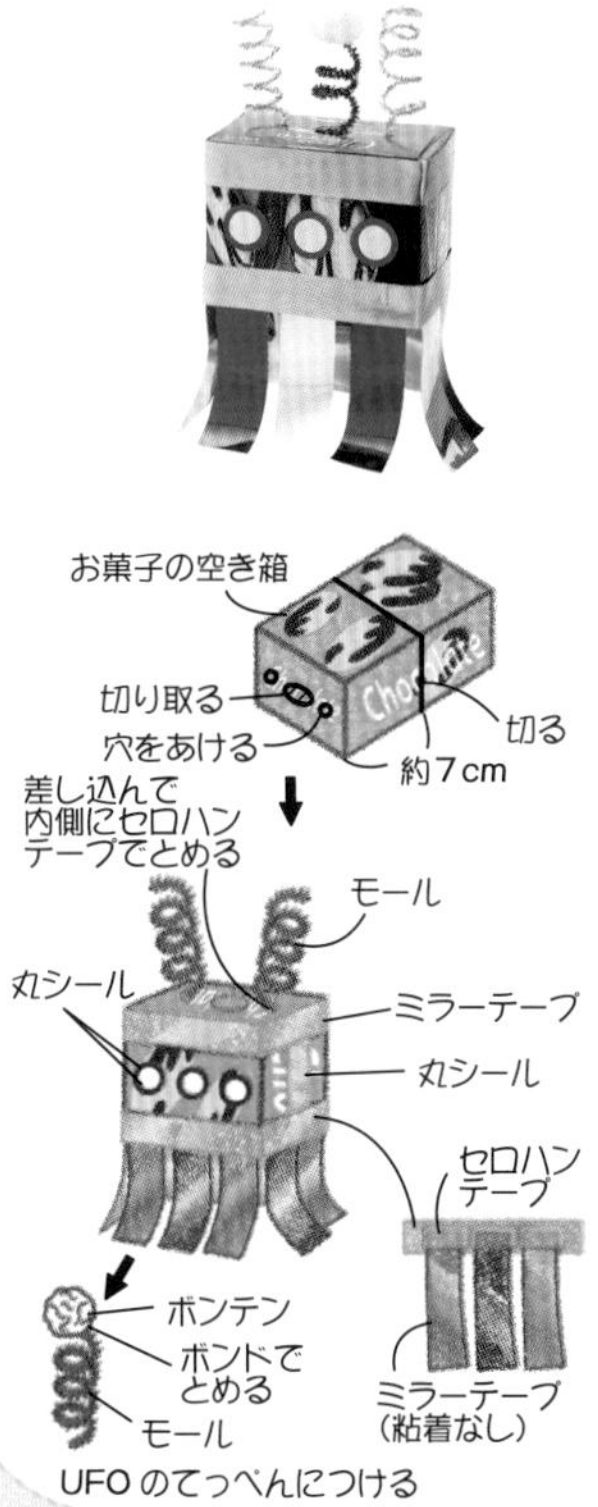
お菓子の空き箱
切り取る
穴をあける
切る
約 7 cm
差し込んで
内側にセロハン
テープでとめる
モール
丸シール
ミラーテープ
丸シール
セロハン
テープ
ボンテン
ボンドで
とめる
モール
ミラーテープ
（粘着なし）
UFO のてっぺんにつける

カップめん UFO

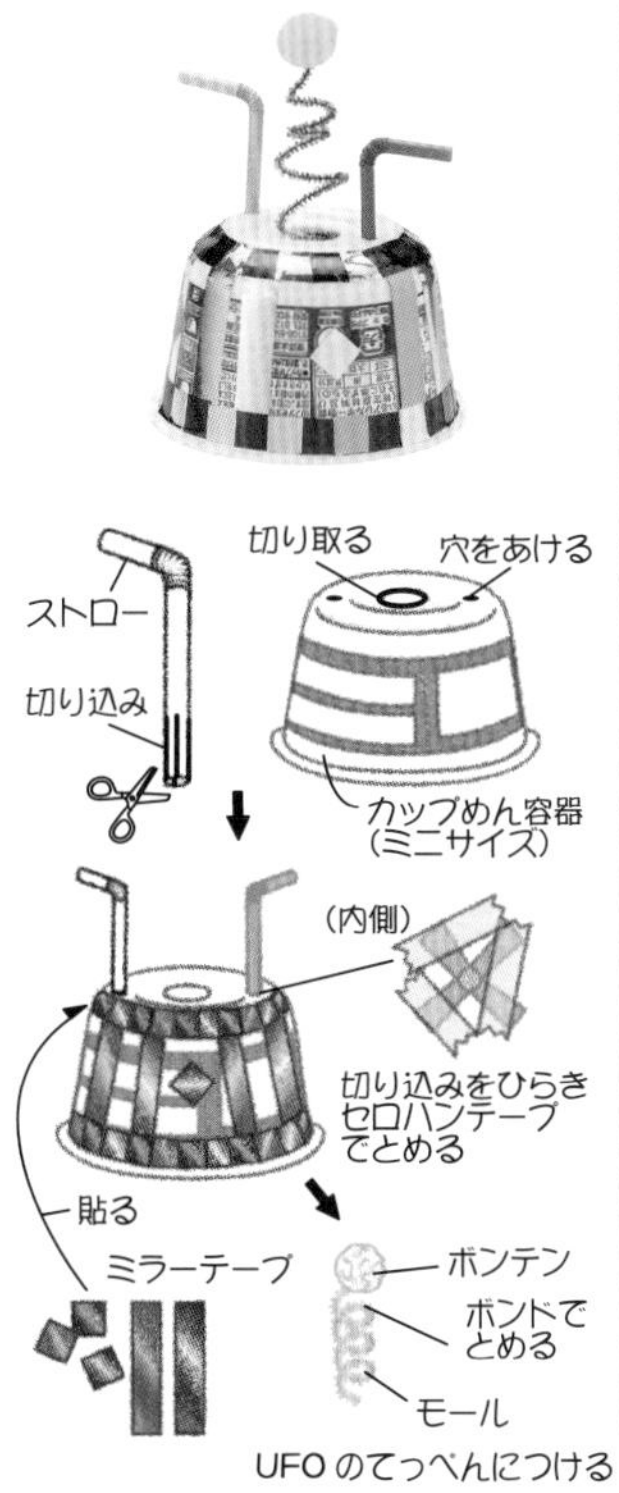
ストロー
切り込み
切り取る
穴をあける
カップめん容器
（ミニサイズ）
（内側）
切り込みをひらき
セロハンテープ
でとめる
貼る
ミラーテープ
ボンテン
ボンドで
とめる
モール
UFO のてっぺんにつける

紙コップ UFO

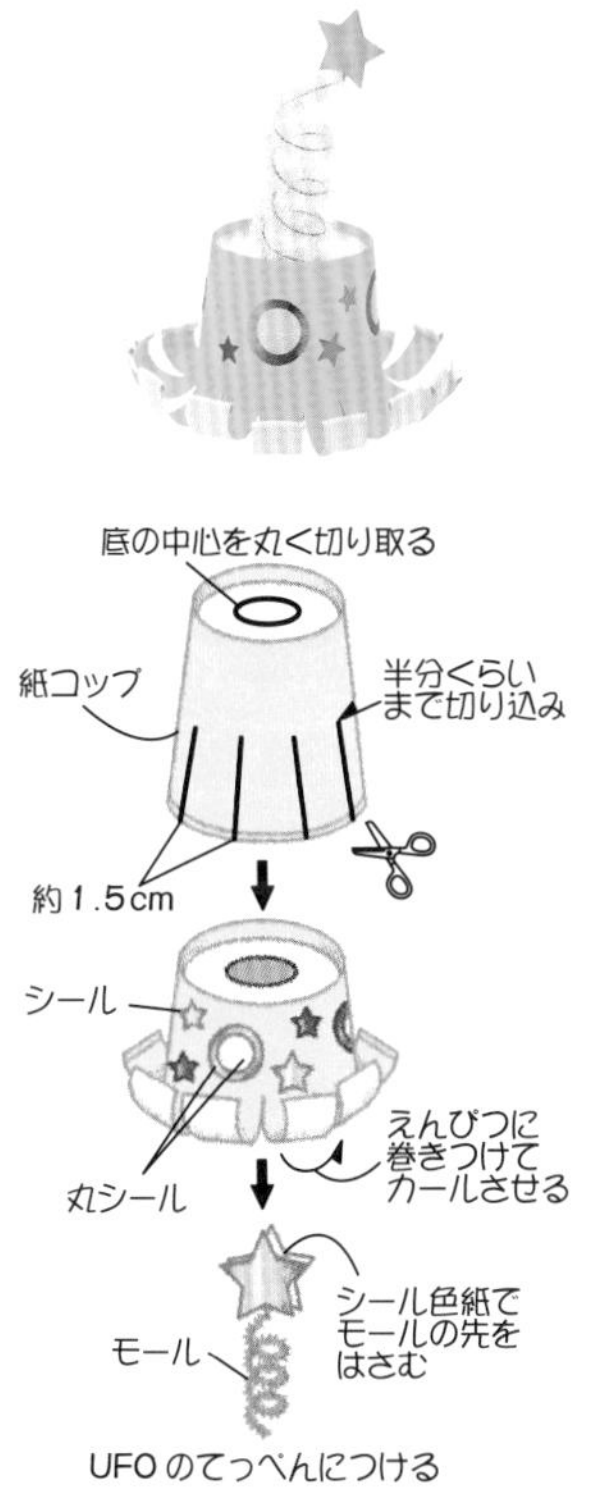
底の中心を丸く切り取る
紙コップ
半分くらい
まで切り込み
約 1.5 cm
シール
丸シール
えんぴつに
巻きつけて
カールさせる
シール色紙で
モールの先を
はさむ
モール
UFO のてっぺんにつける

ペットボトル UFO

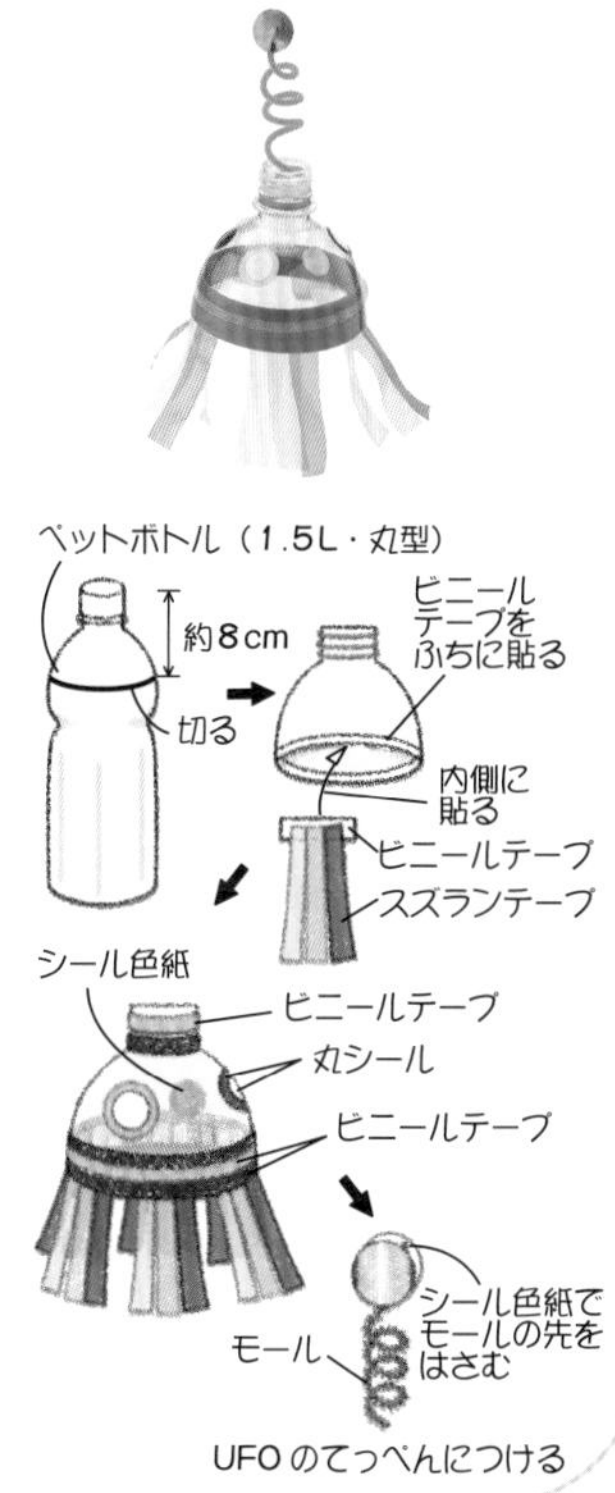
ペットボトル（1.5L・丸型）
約 8 cm
切る
ビニール
テープを
ふちに貼る
内側に
貼る
ビニールテープ
スズランテープ
シール色紙
ビニールテープ
丸シール
ビニールテープ
シール色紙で
モールの先を
はさむ
モール
UFO のてっぺんにつける

ケロポンズから

はとになりきってあそびます。ことばに合わせて動きがあるので、最初はゆっくり､慣れてきたら早くあそんでもいいかもしれません。子どもたちに｢はとって、どんなことする？｣って聞いてみて、その動きを入れても楽しいですよ！

冬のうたあそび 4

はとまめ

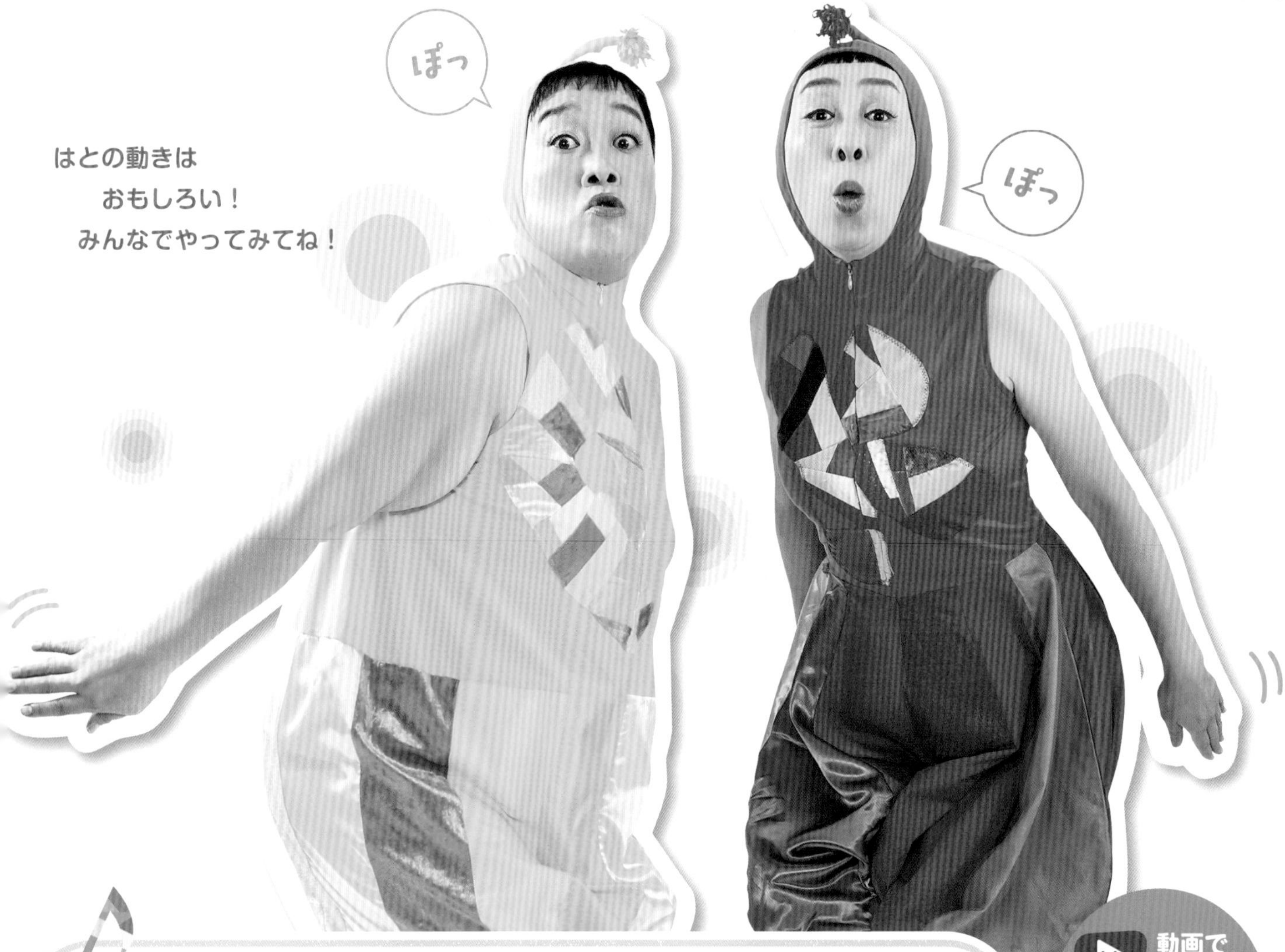

ぽっ
ぽっ

はとの動きは
おもしろい！
みんなでやってみてね！

はとまめ

作詞／平田明子　作曲／増田裕子

C F C F C
フルッ フ フルッ フ はー と は と フルッ フ フルッ フ は と ま め ぽっ
C F C F C
ま め ま め ま め ま め は と は と は と は と ま め ま め ま め ま め は と ま め ぽっ

動画でチェック！

ここからアクセスすると……

「はとまめ」

が見られます。

あそび方

1 フルッフ　フルッフ

両手を羽に見たてて、はとのように歩く

2 はーと　はと

止まって、首を前後させる

3 フルッフ　フルッフ

1と同様に、歩きまわる

4 はと　まめ

ゆっくり、まめをついばむ

5 ぽっ

口に手を当てる

6 フルッフ〜ぽっ

1〜5をくり返す

7 まめまめまめまめ

4を早くする

8 はとはとはとはと

2を早くする

9 まめまめまめまめ

7と同様にして、早くする

10 はと　まめ

4と同様に

11 ぽっ

5と同様に

12 まめまめ〜ぽっ

7〜11をくり返す

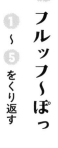

ケロポンズから

ゆきちゃんの住んでいる世界を想像して、お話作りやゆきちゃんごっこなんかに発展していっても楽しそう！　ペンギンコスチュームをみんなで作ってもいいですね!!

冬のうたあそび 5 ペンギンゆきちゃん

ペンギンのゆきちゃんになりきって
あそんでみてね！

動画でチェック！
ここからアクセスすると……「ペンギンゆきちゃん」が見られます。

ペンギンゆきちゃん

作詞／増田裕子　作曲／平田明子

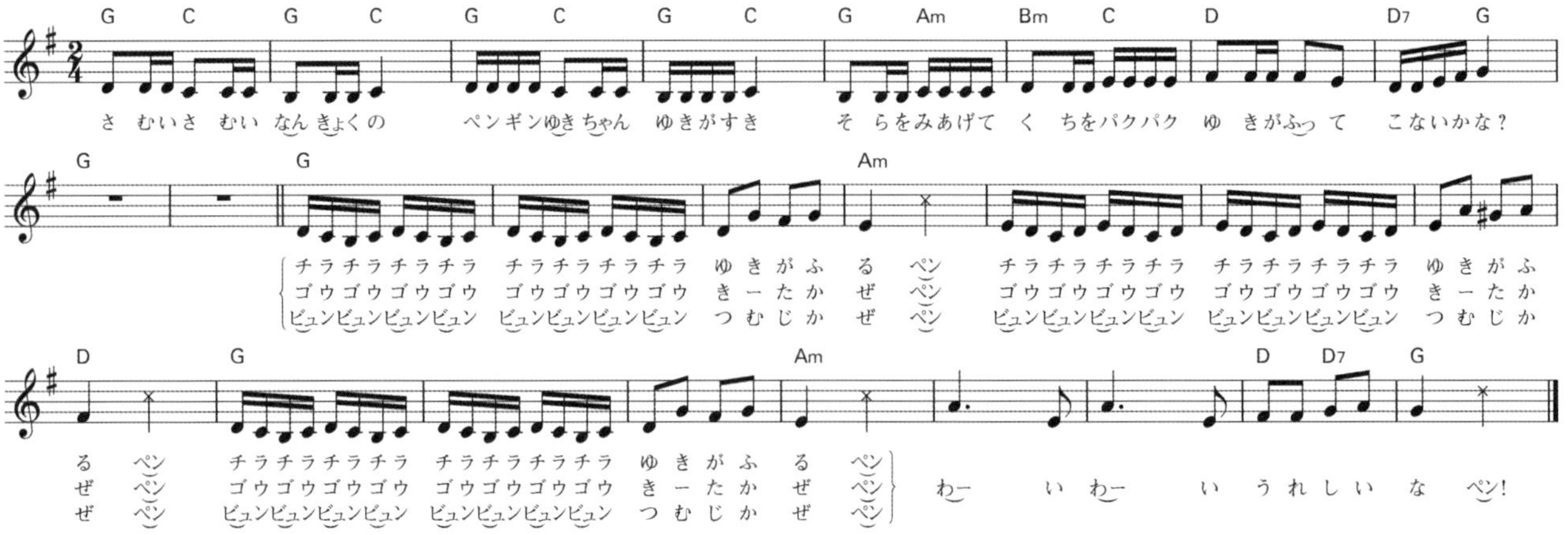

あそび方

1番 ①
さむい～なんきょくの

体を手でこする

②
ペンギン

右足のかかとを前にトン！

③
ゆきちゃん

戻す

④
ゆきがすき

②③を左足で同様に

⑤
そらをみあげて

つま先立ちに

⑥
くちをパクパク

口をパクパク

⑦
ゆきが～かな？

両手を広げて、上げる

2番 ⑧
ゴウゴウ～かぜ

両腕をシュッと左右に振る

3番 ⑧
ビュンビュン～かぜ

胸の前から両腕をくるくる回す

⑧以外は歌詞に合わせて1番と同様に動く

⑧
チラチラ～ふる

手をひらひら下ろす

⑨
ペン

腕を伸ばし、ジャンプ

⑩
チラチラ～ふるペン

⑧⑨を2回くり返す

⑪
わーい～しいな

両手を広げて、ぐるっと回る

⑫
ペン！

⑨と同様に

小さい子たちと一緒にあそぶときには

♪さむい～ゆきがすき

右足を前にトン！　戻す

左足を前にトン！　戻す

歌をうたいながら、②～④の動きを、くり返しましょう。みんなと一緒に体を動かして、楽しめればOKです！

雪ではなく、雨をふらせてみましょう

♪ザーザーザーザー
あめがふる

♪ポッポッポッポッ
あめがふる

⑧を雨に替えてみましょう。雪が雨に替わると、替えた方がいいところはあるかな？

ケロポンズから

友だちの友だちはみんな友だち、世界に広げよう、友だちの輪！　っていうテレビ番組が昔あったけど、本当に友だちをつないでいくと、ぐるっとみんな友だちになれるんじゃないかなって思う。そんな風にみんな誰にでも優しくなれたらいいな。

冬のうたあそび6 ともだち

ケロとポンも ともだち〜♫
はなとちょうは ともだち〜♫

広い地球の上で今、知り合っているのはすごいこと！　歌詞を好きなものやクラスの名前に変えても楽しいよ！

あそび方

1 はなと

右の手のひらを出す

2 ちょうは

左の手のひらも出す

3 ともだち

ギュッ
ギュッ

両手を合わせて2度握る

1〜3を7回くり返す

4 いっしょに〜 うたになる

手のひらを、ひらひらさせる

2番の4からあとは、みんなと手をつないでも、いいでしょう。つないだ手を前後に振ります。つながない場合は、手を振るだけにします。

動画でチェック！
ここからアクセスすると……「ともだち」が見られます。

またね！
またね！

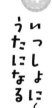

ともだち

作詞／平田明子　作曲／増田裕子

冬のうたあそび 7

バイタッチ！

手と手の触れ合いは、
ことば以上に気持ちを
伝えてくれます。
卒園で離れてしまう
友だちにも、
笑顔でタッチ！

ケロポンズから

楽しい日々だったからこそ、お別れはさみしいね。だけど「楽しかったね！」「ありがとうねー！」「大好きだよ！」「また会おう！」の気持ちを込めて、楽しくタッチして、バイバイバイ!! 卒園式の退場のときに、卒園児も在園児も列をつくって、タッチしながら送り出してもいいですね!!

バイタッチ！ 作詞／平田明子 作曲／増田裕子

動画でチェック！
ここからアクセスすると……
「バイタッチ！」
が見られます。

あそび方

1 あおい　そら
バイタッチ

自由に動いてタッチする相手を探す

2 タッチ

タッチする

3 しろいくも
バイタッチ
タッチ

1 2 と同様に

4 バイバイバイバイ
みんな　バイ

まわりの人にバイバイしながら、
タッチする人を探す

5 タッチ

まだタッチしてない人と
タッチする

6 ともだちと〜
タッチ

1 から 5 をくり返す

7 たのしかった
きょう

近くの人と腕を組んで、スキップで回る

8 いっぱい
あそんだ
きょう

違う相手を探して
スキップで回る

9 ぴかぴかの　おひさま
またあし

違う相手を
探して
スキップで回る

10 タッチ！

9 の相手とタッチする

Q&A コーナー4

ココロとカラダ

Q1 みなさんいつもお元気ですが、健康法はなんですか？

①毎朝、500mlの水を一気に飲む。便秘解消のつもりで飲んでいましたが、ポンちゃんが「自律神経の働きが高まるらしい」と教えてくれて。知らない間に自律神経も整うなんて一石二鳥！

②薄着で過ごす。一年中ほぼ半袖です。私は厚着をすると、かえって肩が凝ってしまいます。ただ、休みの日は世間に合わせて、それなりの格好をしています（笑）。

入江

寝る前の肩甲骨剥がしストレッチが日課です。ジワ〜ンと血流が良くなっていくのが快感です。また、笑う門には福来るといわれるように、子どもたちやおもしろい人たちが身近にいる日々は笑いと癒しが絶えません。カエルちゃんオフィスのみんなと会う時は特に腹筋と顔が痛くなるくらい笑いまくりです。心の健康法は笑うことだなあとしみじみ感じています。

川崎

Q2 元気が出ない時はどうしてますか？

僕は「元気が出ない」ことがないので（笑）、元気チャージの方法をお話しすると、思いっきりあそびます。「外あそび」が一番良いですね！　海や山、公園でクタクタになるまであそんだり、キャンプや野鳥観察。大切なのは「没頭する」ことだと思います。「仕事の為に元気にならないと！」とか自分にプレッシャーをかけないことじゃないでしょうか。

りゅうぞう

少し元気がない時はおいしいものを食べたり、漫才鑑賞をしたり、読書モードに入ったりもします。猛烈に元気がない時はじーっとしてから、森林浴をしたり星空を見たりしています。疲れすぎた時にとても気に入っているのは、近所の温泉に入り、そこに置いてある100円マッサージ機にかかる！　これがかなりのパワーチャージ効果大！なんです。

川崎

Q3 お休みの日は何してますか？

録画していたドラマや映画を観ます。缶ビール一本とお煎餅とかちょっとおつまみを食べながらソファに座って観るのが好き。時々猫を撫でながら、ごろごろまったりする時間が至福の時なのです。昔から絵本屋巡りが好きなので、まる一日オフの日は近所の絵本屋に行ったり、絵本作家の展示などを見に行ったり、絵本が読めるカフェでお茶をしたりします。

ケロ

休みの日は友だちとウォーキングに行ったり、畑で野菜を育てたり、ジムで運動したり、家でお菓子や保存食などを作ったり……。本当にいろんなことを楽しんでいます。食べることが一番好きなので、ずっと料理本を眺めている日も。近くの温泉でのんびりしたり、猫とゴロゴロしたりも。もしも長いお休みがとれたら、一人旅もしてみたいです。

ポン

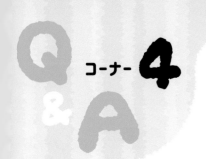

0・1・2歳の うたあそび

たっぷりスキンシップを
楽しめるうたがいっぱい。
あどけないしぐさがかわいいうたは、
発表会にも使えます。

ケロポンズから

新しい1年が始まる4月などに、これからよろしくね！
の気持ちをこめて、ゆったりうたってあそんでね。

0,1,2歳のうたあそび 1

はははのハロー

月齢によっても、子どもたちの個性によっても、できること、
やりたい気持ちが違います。ムリせず、できること、
やりたい気持ちを大切にしてスタートしましょう。

あそび方

1 みどりの　はっぱに
ごあいさつ

からだをゆらす

2 はじめまして
こんにちは

（できるなら）
おじぎをする

3 ハローハローー～
はははの

手をひらひらさせる

4 ハロー

（上げられるなら）
両手を上げる

クラスにあるおもちゃなどで、替え歌をしてみましょう

大好きなくるまで

♫かっこいいブーブに
ごあいさつ　はじめまして
こんにちは　ハローハロー
ブーブー
は　は　はの　ハロー

ぞうのすべりだいで

♫ぞうのすべりだいに
ごあいさつ　はじめまして
こんにちは　ハローハロー
すべりだい
は　は　はの　ハロー

カエルのぬいぐるみで

♫かわいいかえるさんに
ごあいさつ　はじめまして
こんにちは　ハローハロー
かえるさん
は　は　はの　ハロー

動画でチェック！

ここからアクセスすると……

「ははのハロー」

が見られます。

新しいともだちや、保育者の紹介に

♫ゆうこちゃんに
ごあいさつ　はじめまして
こんにちは　ハローハロー
ゆうこちゃん
は　は　はの　ハロー

は　ははのハロー

詞・増田裕子　曲・平田明子

C
Dm
G7
C
C
F
G
C
みどりのはっぱに ごあいさつ
はじめまして
こんにちは
ハロー ハロー
あそぼうよ
は は は の ハロ〜

ケロポンズから

アイコンタクトを大切にあそんでみてください。あそんでいる時の、子どもたちの表情に合わせて緩急をつけると、よく笑います。

0.1.2歳のうたあそび2 たんぽぽポポポ

『ポポ』という音の響き、『ポ』という時の口の形、そして、いないいないばあ。ぜひ乳児の喜ぶポイントに合わせて、時にやさしく、時に激しくあそんでみてね！

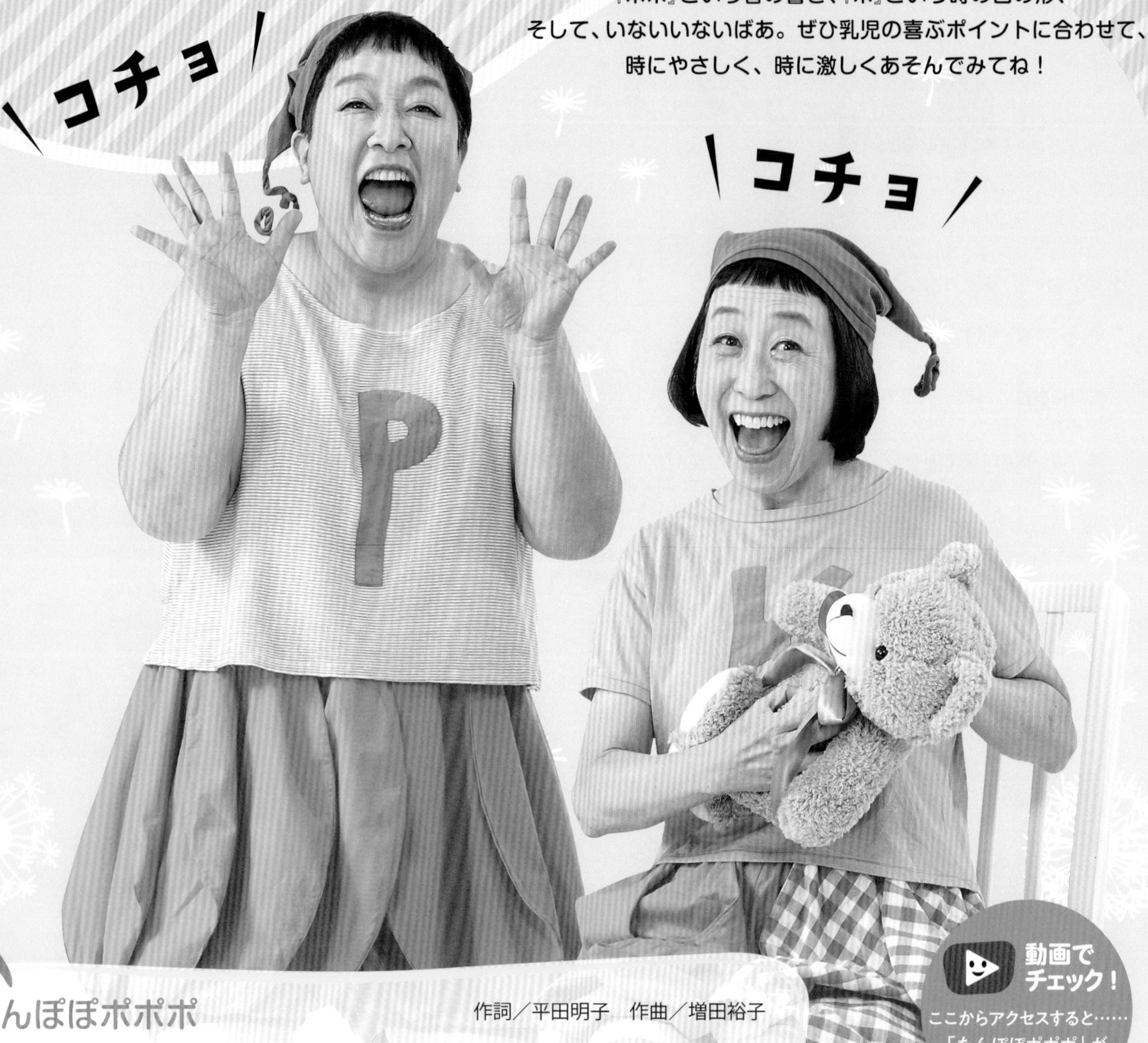

コチョ
コチョ

たんぽぽポポポ

作詞／平田明子　作曲／増田裕子

C Dm G Dm G
たんぽぽポポポ　たんぽぽポポポ　さいたよパッ!　さいたよパッ!
C Dm7 G C
たんぽぽポポポ　たんぽぽポポポ　わたげがー　フワフワフワ〜

動画でチェック！

ここからアクセスすると……「たんぽぽポポポ」が見られます。

1 準備

ひざにのせて座る

2 たん

おとなは手を1回たたく

3 ぽぽポポポ

ほっぺを5回やさしくさわる

4 たん〜ポポポ

②③くり返し

5 さいたよ

両手でおとなの顔をかくす

6 パッ

いないいないばあの要領で手を開いて、「パッ」という

7 さいたよ　パッ

⑤⑥くり返し

8 たん〜ポポポ

②〜④くり返し

9 わたげが

おとなは指を動かして、くすぐるぞ〜という顔をする

10 フワフワフワフワ

くすぐる

続けて高い高いなど、子どものすきなあそびにかえてあそぶ

ねんねのあかちゃんと

あかちゃんは横抱きか仰向けに寝かせて、あそびましょう！

1 たん

おなかをさわる

2 ぽぽポポポ

ほっぺをやさしくさわる

3 たん〜ポポポ

①②くり返し

4 さいたよ

手で顔をかくす

5 パッ

顔を出して、「パッ」という

6 さいたよ　パッ

④⑤くり返し

7 たん〜ポポポ

①〜③くり返し

8 わたげが　フワフワ〜

くすぐる

ケロポンズから

私たちの作ったエビカニクスという体操にも、「踊っています」と、つかまり立ちのあかちゃん動画が届きました！　ひざを曲げてお尻をぴょん！ぴょん！　あかちゃんのロック、とってもかわいいです！　プールあそびの前の体操にも使えます。

0,1,2歳のうたあそび 3
カメロック

音楽を感じて好きに動くだけでよいと思います！
子どもたちのパッションに寄りそって！

0歳児さん

カメさん はいはい
オケー(OK)

からだをひねったり お座りできたら 座ってポーズ
だっこのあかちゃんは、ゆすられたり 高い高いされたり

カメロック

作詞／平田明子　作曲／増田裕子

C7
F7
カ メ カ メ カ モン　カ モン　カ モンー
カ メ カ メ コ ロン　コ ロン　コ ロンー
カ メ カ メ カ モン　カ モン　カ モンー
カ メ カ メ コ ロン　コ ロン　コ ロンー
G
C
カ メ　の び ー
カ メ　バタバタ ー
カ メ　の び ー
カ メ　バタバタ ー
オ ケ ー
オ ケ ー

動画でチェック！
ここからアクセスすると……
「カメロック」が
見られます。

2歳児さん

1番

① カメカメ〜カモン

② カメ

③ のびー

④ カメ　のびー（②③をくり返す）

⑤ オケー

手を自由に動かしながら、ジャンプをくり返す

止まる

伸びる

ポーズ！

2番

⑥ カメカメ〜コロン

⑦ カメ

⑧ バタバター

⑨ カメ　バタバター（⑦⑧をくり返す）

⑩ オケー

寝転んで両足を持ちコロコロする

止まる

手足をばたばたさせる

起き上がってポーズ

1歳児さん

リズムを感じて、からだを自由に動かす。可能なら、オケーは、ばんざいポーズで

1番

2番

リズムにのって自由に動く

ばんざいポーズ

自由に転がる

ばんざいポーズ

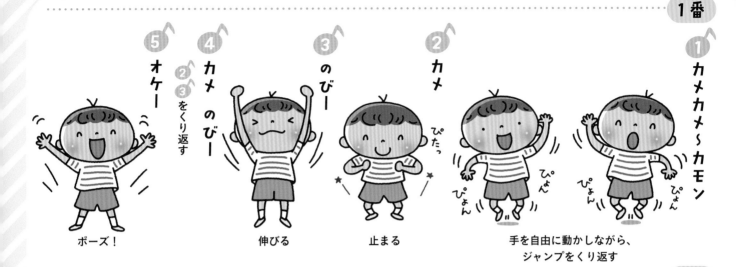

ケロポンズから

発表会などでも、ぜひ使ってみてください。できることより、わが子がそこに存在していること、やろうとしていることが、親御さんには嬉しいと思います。そう！　いてくれるだけでハッピー‼

0,1,2歳のうたあそび4
おちゃめちゃん

ほっぺに手をくっつけて、ゆらゆらあそぶダンスです。
その子なりの表現がかわいい！　踊ってみてね！

おちゃめちゃん

作詞／増田裕子　作曲／平田明子

C Am F G C Am F G7 C
お ちゃ めちゃ めちゃ め お ちゃめ ちゃん お ちゃ めちゃ めちゃ め お ちゃめ ちゃん
C Am F G C Am F G F C
おお きなこ えで うたい ます ありさん お はなさんき こ えま すか？ きょう もげ んきに おちゃめちゃん！
こし をふり ふり お どり ます みーんな み てみ て す てき でしょ？ きょう もわ らっ て おちゃめちゃん！

動画でチェック！
ここからアクセスすると……
「おちゃめちゃん」が見られます。

あそび方

1 おちゃめ～おちゃめ

ほっぺにぐうを当てて、
くねくねしながら沈む

2 ちゃん

しゃがむ

3 おちゃめ～おちゃめ

くねくねしながら、
立ち上がる

4 ちゃん

立つ

5 おおきな～うたいます

右耳に手を当てて、
ひざ2回曲げ伸ばし
2回くり返し

6 ありさん～きこえますか？

左へも同様に
2回くり返し

7 きょうもげんきに

その場でぐるりと
一周する

8 おちゃめちゃん！

ほっぺたにぐうを当てる、
おちゃめちゃんポーズ

まだひとりでは歩けないあかちゃんは……

おちゃめちゃんポーズで、リズムにのって、体を揺らしましょう。

0.1.2歳のうたあそび5

みつけたにゃん

ケロポンズから

にゃんにゃんや、わんわんだけじゃなくて、子どもたちの知っている、ぶーぶーやもーもー、その子の名前などに変えてあそんでみても楽しいよ！

ハンカチを使ったあそびです。ハンカチがなくても、手や壁や身の回りのものをくふうしてあそんでみてね！

みつけたにゃん

作詞／平田明子　作曲／増田裕子

C G C G7 C
にゃん にゃん どこかな？ のぞいて ちらりんこ
わん わん どこかな？ のぞいて ちらりんこ
Dm Em F G7 C
どこかな どこかな みつけた にゃーん
どこかな どこかな みつけた わんわん

動画でチェック！

ここからアクセスすると……「みつけたにゃん」が見られます。

あそび方

1番

1 にゃんにゃん どこかな？

ハンカチで顔をかくす

2 のぞいて ちらりんこ

顔を半分出して、のぞく

3 どこかな〜みつけた

ハンカチのあちこちから
顔を出して、のぞく

4 にゃーん

にゃーん
ばあ

ハンカチで、いないいないばあ

ばあ
にゃーん
ばあ
わんわん

2番

最初と最後のなきごえ以外は、1番と同様に

5 わんわん どこかな？

ハンカチで顔をかくす

6 わんわん

わんわん
ばあ

ハンカチで、いないいないばあ

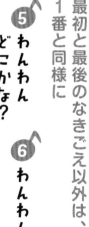

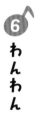

ケロポンズから

その時期でできる形で 大好きシャワーを送りましょう！抱っこされること、触られること、笑顔を向けられることなどなど、全てが大好きシャワーです！

0,1,2歳のうたあそび6

あけましてだーいすき！

大好きシャワーは子どもたちの栄養。

赤ちゃんたちに大好きシャワーをふらせましょう。

動画でチェック！

ここからアクセスすると……

「あけましてだーいすき!」

が見られます。

1番

1 あけまして

2 だいすき

あかちゃんをひざに
のせて、手を広げる

3 おめでとう　だいすき

4 ことしもだいすき

1 **2** を2回くり返す

かるく抱きしめる

ギュ〜〜!

5 よろしく　ギュ〜!

ギューッと
抱きしめる

2番

つん
つん

6 あけまして

1 と同様に

7 あっぷっぷ

こどもと
あっぷっぷをする

8 おめでと〜あっぷっぷ

6 **7** を2回くり返す

ぷ〜〜

9 よろしく　ぷ〜

おでこをくっつけて、
「ぷー」とやる

あけましてだーいすき!

作詞／平田明子　作曲／増田裕子

C
G
あ　けまして　だい　すき　おめでとう　だい　すき
あ　けまして　あっ　ぷっぷ　おめでとう　あっ　ぷっぷ
C
G7
C
ことしもー　だい　すき　よろしく　ぎゅー!!
ことしもー　あっ　ぷっぷ　よろしく　ぷ〜

ケロポンズから

子どもたちは、おとなのやることに興味津々。ぜひおとなが、踊って見せてあげてください。音が鳴るものを、音楽に合わせて鳴らすのも楽しいです！

0,1,2歳のうたあそび7
ぐんぐんぐーん

小さい子の
「ありがとう」は
どんな形でもかわいくて
たまりません！
ぜひ子どもたちと
音に合わせてあそんで
みてください！

ぐんぐんぐーん

作詞／増田裕子　作曲／平田明子

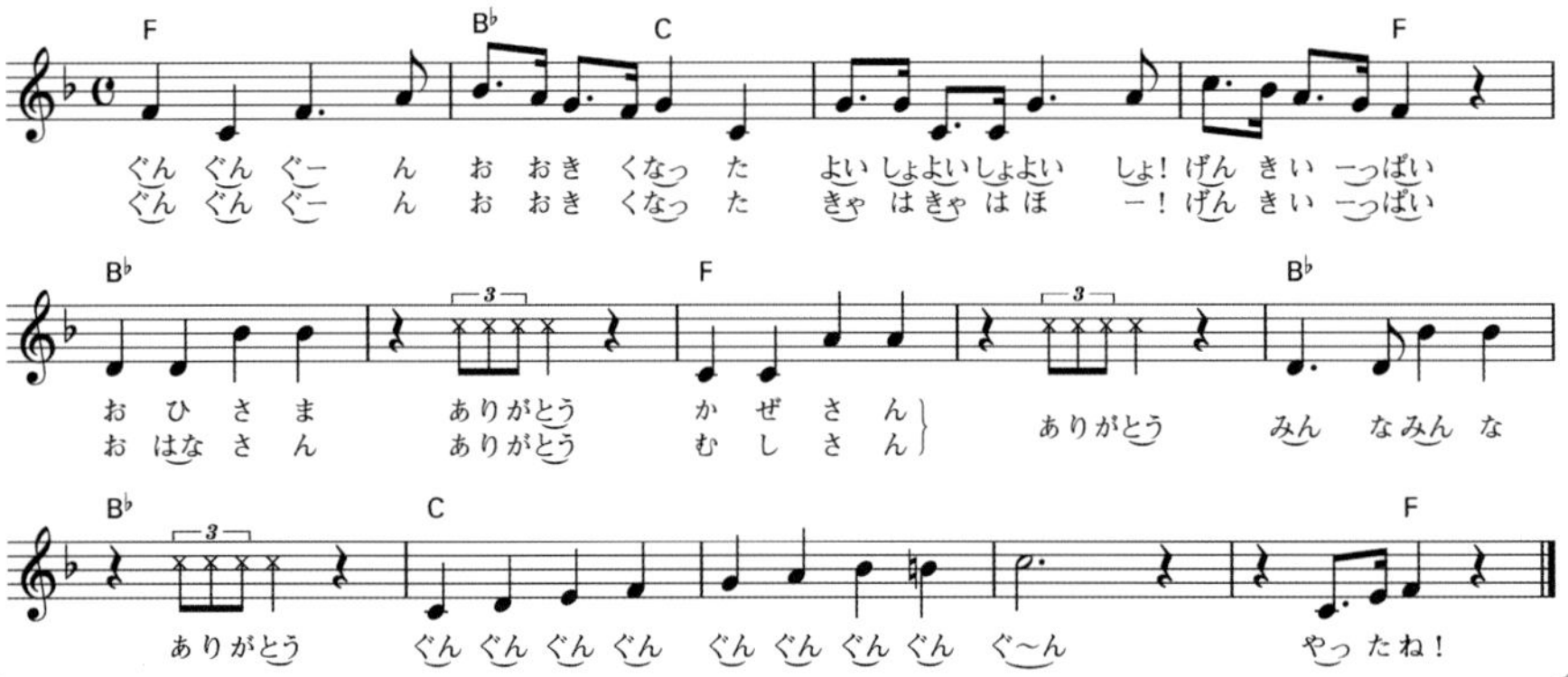
F B♭ C F
ぐん ぐん ぐー ん お おき くなっ た よい しょよいしょよい しょ！げん きい 一っぱい
ぐん ぐん ぐー ん お おき くなっ た きゃ はきゃ は ほ ー！げん きい 一っぱい
B♭ F B♭
おひさま ありがとう かぜさん
おはなさん ありがとう むしさん
ありがとう みん なみん な
B♭ C F
ありがとう ぐん ぐん ぐん ぐん ぐん ぐん ぐん ぐん ぐ～ん やったね！

動画でチェック！

ここからアクセスすると……「ぐんぐんぐーん」が見られます。

あそび方

2歳児

1 ぐん～ぐーん

ぐん
ぐん
ぐーん

カコブを3回つくる

2 おおきくなった

大きくのびをする

3 よいしょ～ いーっぱい

1 2 くり返し

4 おひさま～ ありがとう

おひさま ありがとう
かぜさん ありがとう

あちらこちらに、おじぎをする

5 かぜさん ありがとう

6 みんな～ ありがとう

4 くり返し

7 ぐん～ぐんぐん

力強く足ぶみする

8 ぐーん

しゃがむ

9 やったね！

バンザイをする

2番も1番と同様に

1歳児

立てる子は立って、座れる子はそのまま、
リズムに合わせてからだを動かす

♫ありがとうの部分は、
できる限り頭をさげてみる

0歳児

曲に合わせて、マラカスなど
音の出るものであそぶ

赤ちゃんマラカス

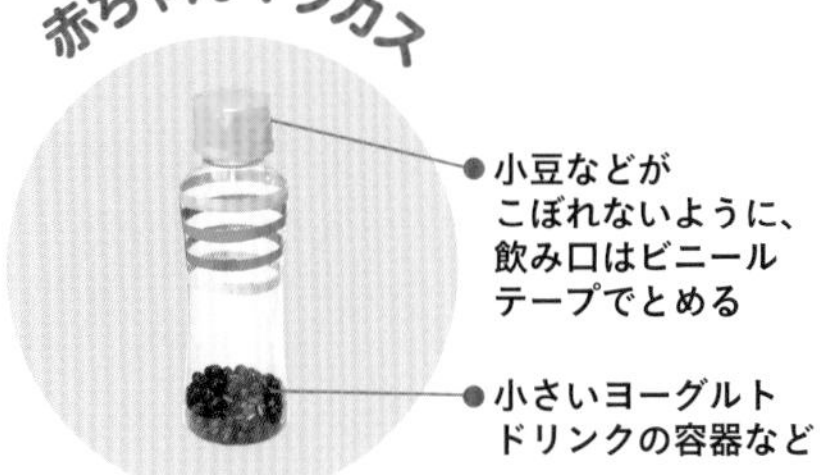
小豆などが
こぼれないように、
飲み口はビニール
テープでとめる
小さいヨーグルト
ドリンクの容器など

また
あそぼうね～
元気でね～

Q&A コーナー5

みなさんへ

Q

みなさんにとって〝子ども〟って何ですか？

〝子ども〟はとにかくおもしろい存在。コンサートで客席から子どもが普通に話しかけてきたり、笑ってくれるのがいちばん嬉しいです。「キャ〜」とか突然大声を出して走り出したり、クルクル回ったり、急にどきっとするほどおとなっぽいことを言ったり、子どもを見ていると飽きません。かくいう私も子どもだった。そして戻ろうと思えば気持ちだけはいつでも子どもに戻れるはず。〝子ども〟って最高！

ケロ

あまりにもヘンテコで興味深い友だちであり、先輩でもあります。先輩というのは変かもしれないですが、保育していた時になんでも子どもたちに相談したり話したりしていて、彼らを小さいってあまり思わなかったんです。むしろ助けてもらってばかりで、すごいなあ…、人間が大きいなあ…、優しいなあ…って思っていました。なんとも魅力的な人たちです！

ポン

「衣・食・住」と同じくらい欠くことのできない存在です！ 我が子が生まれてより一層そう思っています。子どもが僕に抱きついて体を包んでくれれば嬉しくてあったかくなりますし、子どもの笑い声は僕の主食ですし！（笑）。子どもの溢れんばかりのエネルギーの中で暮らしています。子どもに関わる仕事ができて幸せです。他の仕事は考えられません。できないだけかもしれませんが（笑）。

りゅうぞう

〝子ども〟って『憧れの存在』です。自分が子どもの時にしていたあそびには偏りがあったので、その頃は気づかなくてやらなかったあそびもあるし、いまだにやり尽くしていないあそびもあります。もしも願いが叶うのであれば、子どもの頃に戻って、あそび倒したいです。今も子どもたちと一緒に、探究心出しまくりの毎日です！

入江

「豊かに生きる可能性のかたまり」です。目いっぱい自分を生きている姿を見ると、改めてこんなにも生きることはおもしろく豊かなんだなあと感じます。おとなになって、その豊かさを削ぎ落としてしまったり、欲深くなることで見えなくなってしまったりすることがあるなあとハッとさせられもします。子どもたちといられることで、私の人生も豊かさのお裾分けをしてもらっています。

川崎

しぜんあそび

春夏秋冬、季節を楽しむ
アイデアが満載です。
楽しいふれあいから、
自然を大切にする心も育っていきます。

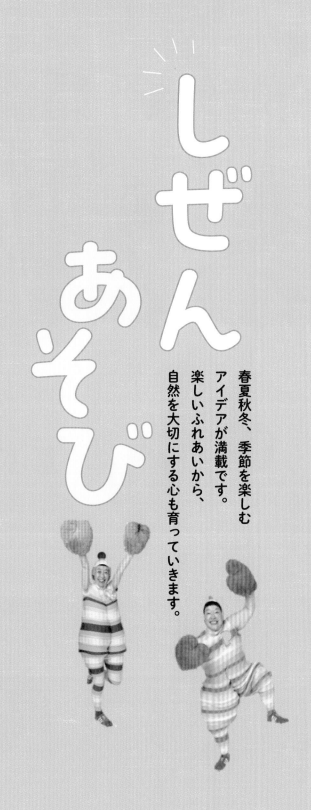

しぜんあそび 春

何もかもが動き出す春。さあ、外に飛び出して、草や石であそびましょう。

草ぶえ

両手の親指の間に
うすい草をはさんで、
吹いてみましょう。
うまく吹くと、いい音が出ます。

うすく柔らかい
草を探します。

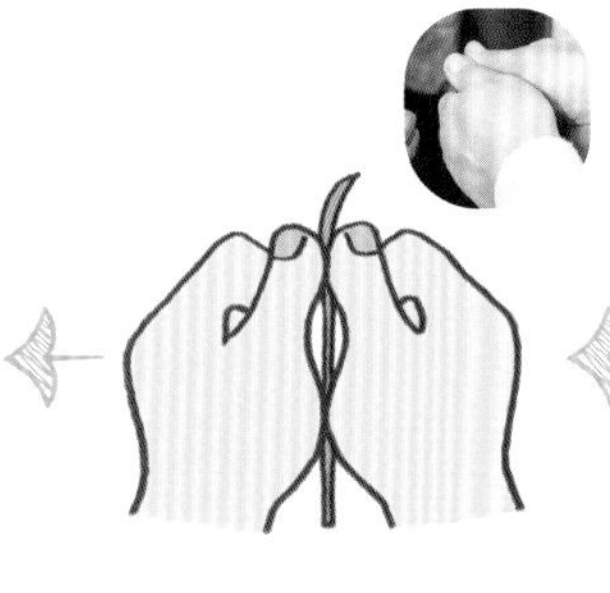

親指の間に隙間をつくり、
草をピンと張ってはさみます。

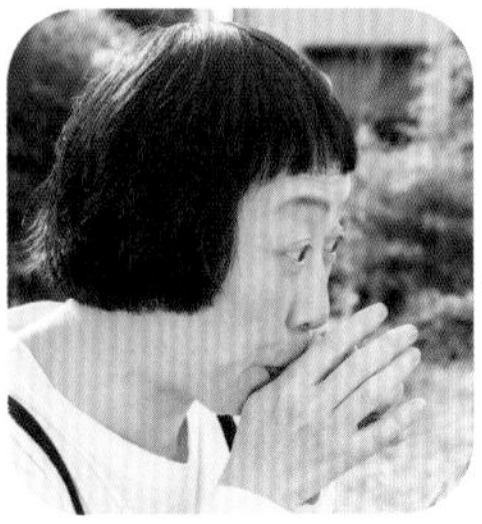

はさんだ部分を
吹いてみましょう。

春だからこそ！

ケロ＆ポン

春は気持ちのいい季節。でも逆に新学期が始まる春は、子どもたちも保育者の方々もなんだか落ち着かない季節でもあります。初めての場所、初めましてのおとな、友だち。この場所は、いいところなの？　ここのおとなは信頼できるの？　子どもたちの気持ちは揺れ動きます。

そんな時でも自然は気負いなく、いつもどおりに、みんなのそばに。お互いに頑張るだけではなく、自然の力を借りてゆるっとした時間を過ごしてみたら、気持ちも自然と緩んできます。「この花、きれいだね」「ママへのおみやげにしようか？」。

一緒に同じものを見つめる、見つける。春だからこそ、そんな時間をたくさん過ごしてもらいたいです。

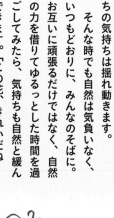

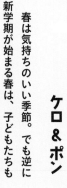

すぎなクイズ

すぎなには節があって、そこで抜いて、またつなげることができます。これを利用して、クイズを作ってあてっこしましょう。どこが切れているかわかるかな？　よ～く見てね。

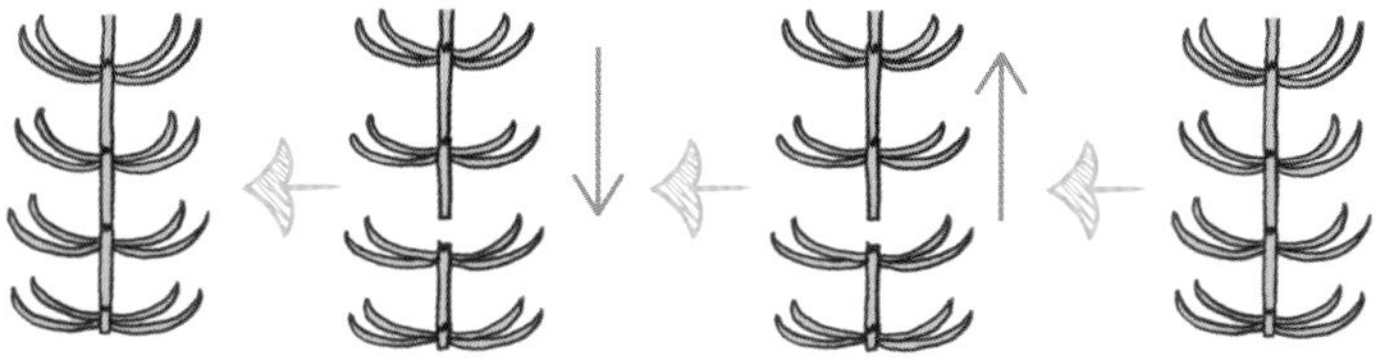

節の部分で抜いて、そっとまた差し込むと、切り口がわかりません。

石ころ絵合わせ

石に絵を描いちゃおう！

①好きな形の石を集めます。
②同じ柄を２つの石に描きます。
③絵柄を下にして石を並べ、じゃんけんぽん！　勝ったほうがひとつ裏返して同じ柄を探します。
④同じ柄を出したら、石ゲット！　順番にトライして、たくさんの石を取ったほうが勝ちです。

しぜんあそび
春

草ずもう

おおばこは、生命力の強い草で、踏まれても立ち上がる強い茎を持っています。茎を長くちぎって、強さ比べをしてみましょう。

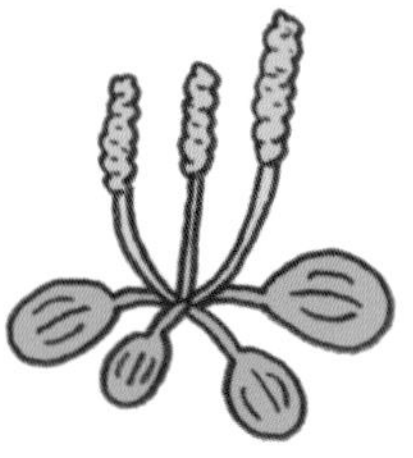

おおばこを探します。

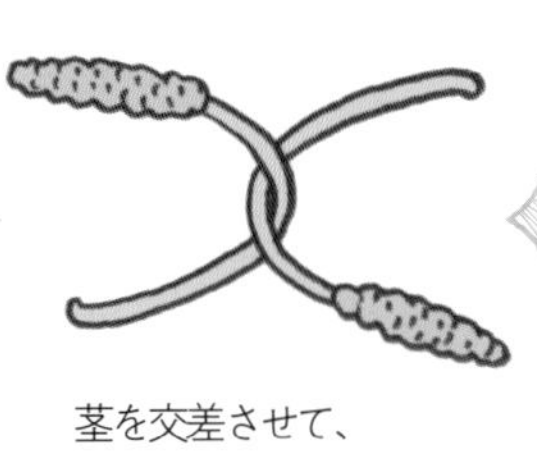

茎を交差させて、
自分のほうに引っぱります。

引き合って、ちぎれ
なかったほうが、勝ち。

はるの植物

けろ
わあ! ふきだ
きゃらぶふき つくろう
あ。ふきのとう みっけ!
天ぷらにしよう
つくしもあったよー!
つくだににしたいね
よもぎもいっぱい!
はるだねー!
よもぎだんご
じゅるじゅる
ね。さっきから たべものばっかり!
てへぽん
おなかすいた

春のあそびうた

新しいクラスの友だちと手をつないで、
輪になっておどりましょう。

♪はるは　まわる♪

作詞／平田明子　作曲／増田裕子

動画でチェック!　ここからアクセスすると……「はるはまわる」が見られます。

1番

はるは　まわる　みんなまわる
おはなもかぜも　くるくるまわる

輪になってつないだ手を振る

くるくるくるくるくるくるくるくる
くるくるくるくるくる
くるるん!

みんなで時計回りに回る

2番

はるは　はねる　みんなはねる
うさぎもカエルも　ぴょんぴょんはねる

1番と同様につないだ手を振る

ぴょんぴょんぴょんぴょん
ぴょんぴょんぴょんぴょん
ぴょんぴょんぴょんぴょん
ぴょーん!

手をつないだままジャンプする

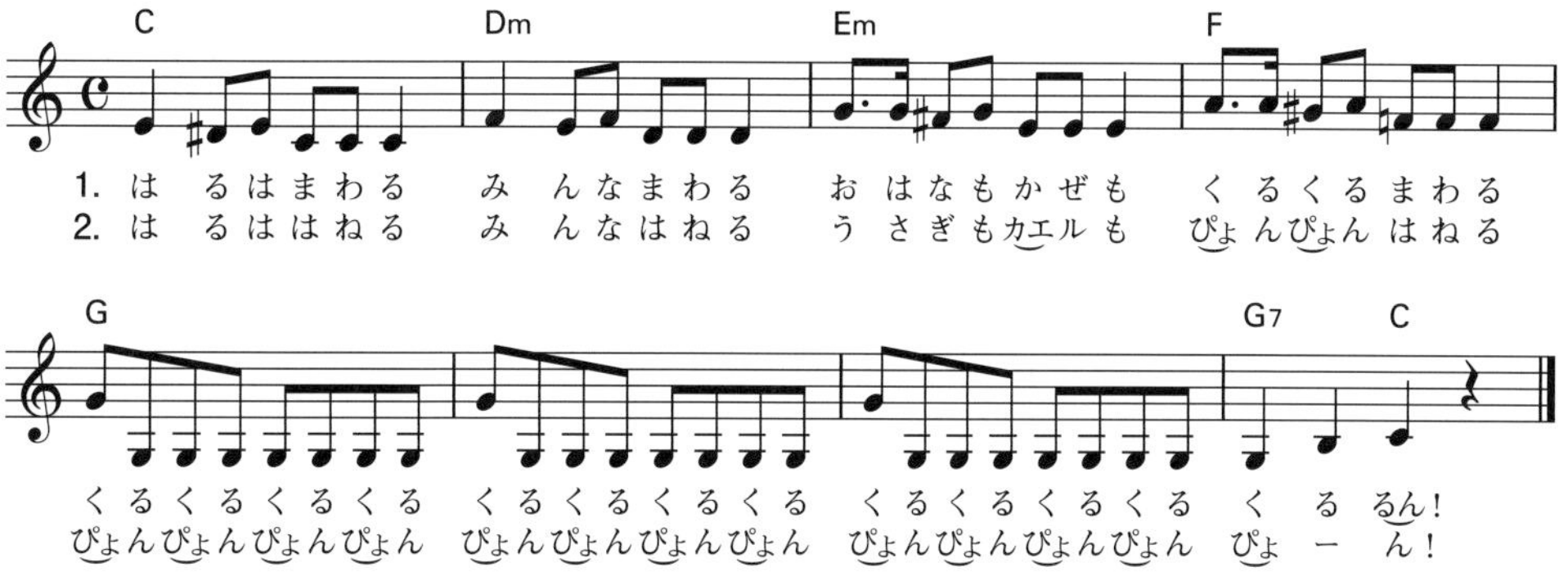
C　Dm　Em　F
1. は るはまわる　み んなまわる　お はなもかぜも　く るくるまわる
2. は るははねる　み んなはねる　う さぎもカエルも　ぴょんぴょん はねる
G　G7　C
くるくるくるくる　くるくるくるくる　くるくるくるくる　く る るん!
ぴょんぴょんぴょんぴょん　ぴょんぴょんぴょんぴょん　ぴょんぴょんぴょんぴょん　ぴょ ー ん!

しぜんあそび 夏

水あそびで暑い夏を吹き飛ばしましょう。大きいプールがなくても大丈夫！迫力のすいか割りでおやつタイムです。

シャンシャンすいか割り

みんなが大好きなすいか。
タンバリンの音のする方へ　エイヤ！

暑い夏を体験

ケロポンズ

夏は暑い。そして近年の暑さは半端ないですね。最近では熱中症や脱水症状など重大な問題も多くて、子どもたちと過ごすおとなも大変です。

ただ子どもたちには、小さいうちにぜひ、汗で体がベタベタ、のどがカラカラ…、そんな暑さを体験してもらいたいです。

そう、夏ってすっごく強烈！強烈だからこそ、おとなになっても体が覚えているんですよね。水の冷たさ、音、匂い、風。たくさん感じて、味わって、ぜひ子どもたちと楽しい夏をお過ごしください！

さかな釣りあそび

ビニール袋で水の生き物を作って、
釣ってあそびましょう。うまく釣れるかな？

1 水の生き物を作ります

油性マーカーで、ビニール袋に絵を描き、ふくらませます。

2 ビニールプールなどに水をたくさん入れます

よいしょ
よいしょ

重いけど、力を合わせて

生き物がぎっしり！

じゃ
じゃー

シートを使って

3 釣ってみましょう

枝などを使って

足でつかんで

秘技 タネ飛ばし

3歳ぐらいから飛ばせるようになります。
口をすぼめて、くちびるにすいかのタネをはさんで、おなかに力を入れて、吹く！

\ プッ！ /

すごいなあ

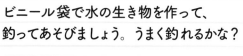

水運び競走

おたまで水を運びます。スタートから同じ距離のところにカップを置いて水を運び、早くカップをいっぱいにしたチームが勝ちです。

ポンちゃん大失敗

おとな・子ども対抗戦

3チーム対抗戦

泥あそび

水であそんでいるうちに、水と土が混ざってしまいました。そしたら思いきって、泥であそびましょう。ギュッとにぎって泥だんご。

泥だんごは
水と土を合わせて
にぎりましょう。

泥水の足湯?!
ぬるぬるしてて、
あたたかい〜。

せっかく汲んだ水だから、
無駄にしないで。
とことんあそびましょう。

夏のあそびうた

「エビカニクス」の盆おどり版です。
輪になっておどりましょう。

♪エビカニクス音頭♪

作詞・作曲／増田裕子

動画でチェック! ここからアクセスすると……「エビカニクス音頭」が見られます。

①（前奏）

チョチョンがチョンの音頭でリズムに合わせて手拍子2回

②エビ

体を前に倒すエビポーズ

③カニ

①と同様に手拍子して両手を開いてひざを曲げてカニポーズ

④エビカニ　エビカニ

①と同様に手拍子して早いテンポで左右交互に手を伸ばして上げる

⑤エブリバデイ　エビカニクスで（3回）　おどっちゃお

肘を曲げた腕を交互に上げながら前へ進む

⑥エブリバデイ　エビカニクスで（3回）　おどっちゃお

1回拍手してカニポーズ　足を交互に上げながら進む

⑦エビもカニも　こうかくるい

腕を大きく回してカニポーズ

両手を一緒に右、左と流して、前へ進む

⑧みためはとってもグロテスク　にっぽんじんなら　だいすきさ　ムキムキプリプリ　おどろう

⑦を3回くり返し

⑨ワンツースリーフォー

速いテンポで左右交互に手を伸ばして2回上げる

⑩エビ

前にジャンプして②のエビポーズ

⑪カニ

前にジャンプして③のカニポーズ

⑫エビカニエビカニ

歌詞に合わせて、⑩⑪をくり返す

⑬ワォ～!

両手を上げてはしゃぐ

★年齢の低い子はパーの手でもOK!

★つめうちわを持っておどっても楽しいですよ

しぜんあそび 秋

さつまいも

アチチチ！
中までむらさき

フーフー
甘い〜〜

おいしい秋を満喫

豊かな自然の恵みを、みんなで焼いて食べましょう。火には十分気をつけて。満足の笑顔があふれます。

子どもたちも実りの秋！

ケロポンズ

秋は実りの季節です！気候も良く、じっくりあそべる季節、体をしっかり動かしてあそべる季節、そして何より人間の本能でもある『食べる』ということをたっぷり味わえる季節でもあります。

保育のなかで子どもたちと一緒に食べると、分け合うとか、できあがるまで待つとか、食べて「おいしいねえ！」って笑い合うなど、自然とみんなでグンと成長できる瞬間がいっぱいあるなあって思います。

秋は子どもたちにとっても実りの季節ですね。

準備

さつまいも、りんご、バナナなど、焼いてもおいしい食材を準備します。

切る

材料を切ります。焼く前は硬いので、十分注意。押さえる手は指を丸めて猫の手で。

包む

さつまいもなど皮つきのままの食材は、濡らした新聞紙とホイルで二重に包み、皮をむいたバナナなどの食材は、ホイルで包みます。

焼く

かまどに並べて、焼きます。

マシュマロ

トローリ溶けたマシュマロをビスケットにはさんでぱくっ！

けむたいよ〜

枝の先にマシュマロを刺して焼きます。

するめ

細く裂いて、もぐもぐもぐ。
野菜や果物が焼けるまでのおしゃぶりです。

野原でのんびり〜

食べ終わったら、ゆっくり
みんなであそびましょう！

富士山
見えるかな？

しっかり、つかまって！
落ちないようにね

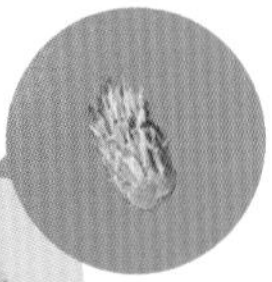

コセンダングサを
投げてくっつけて
くださ〜い

たくさん
つけられちゃった！

他にもオナモミなど、
服にくっつきやすい草は、
いろいろあります。
探してみましょう。

ハンモックで
おひるね

タイヤブランコで
ゆらゆら〜

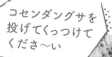

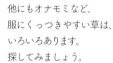

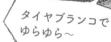

石やきいも
けろ
はっ
今日もたのしいコンサートだったねえ…
くんくんくんくん…
どうしたの？ぽんちゃん…
ダダダダーッ
ちょっと、どこいくの？
やきいもください!!
まいどー
やきい
さすがハナがきくねー
うまぽんち!!
ホクホク
あちっ

秋のあそびうた

動画でチェック！ ここからアクセスすると……「ヒラヒラヒラ」が見られます。

♪ヒラヒラヒラ♪

作詞／平田明子　作曲／増田裕子

C Dm G C
1〜3 ヒラヒラヒラ はっぱが ヒラヒラヒラ はっぱが
C Dm G7 C
ヒラヒラヒラ はっぱが
1 あたまにピタリ ピター
2 ほっぺにピタリ ピター
3 おしりにピタリ ピター

1番

1. ヒラヒラヒラ〜あたまにピタリ

手を枯葉に見たてて、ひらひらとふる

2. ピター

両手を頭にくっつける

2番

3. ヒラヒラヒラ〜ほっぺにピタリ

1と同様に

4. ピター

両手をほっぺにくっつける

3番

5.（準備）

2人で右手をつなぐ

6. ヒラヒラヒラ〜おしりにピタリ

左手で相手のおしりをさわるように回る

7. ピター

ピター

相手のおしりに手をくっつける

しぜんあそび 冬

雪あそび

「雪だ〜」子どもたちの声が響きます。
真っ白になった園庭であそびましょう。
ふわっふわの新雪で、「それ〜！」。

米ぶくろすべり

キャ〜！

そりがなくても
おしりでシュー！

すべる！　すべる〜

米ぶくろそりの 作り方

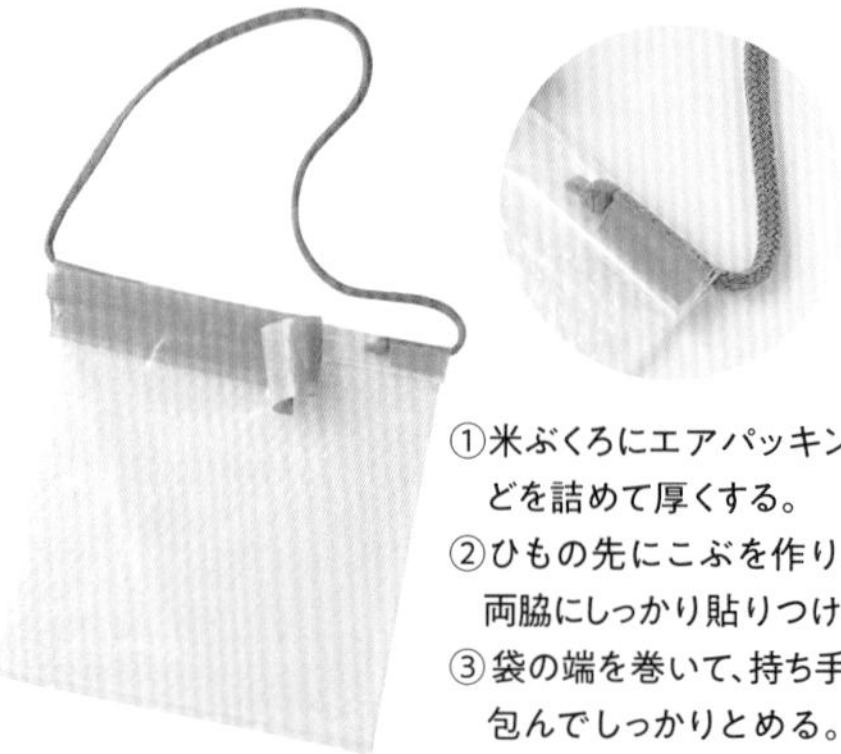

①米ぶくろにエアパッキンなどを詰めて厚くする。
②ひもの先にこぶを作り、両脇にしっかり貼りつける。
③袋の端を巻いて、持ち手を包んでしっかりとめる。

想像を超える、冬！

雪が降りました！　子どもたちは雪のなかに飛び出していきます。

そりすべりをする子、雪玉を作る子、アイスやさんをする子、雪のなかをただただ走る子、雪は何度体験しても新鮮で、美しくおもしろい。手が冷たくなっているのも忘れ、夢中になってあそびすぎ泣いている子の手を包んで、はあはあ温めてあげる子、すべてが新鮮で、かつ、今しかない瞬間です。突然全クラスが外あそびすることになって、異年齢の子どもたちが、一緒にあそぶ姿も。

冬はいつも想像を超える子どもたちの成長を見せてくれる、魔法のような季節だと思います。

そり倒し競争

チームに分かれ、それぞれ、
そりに雪玉を当てて、倒します。
早く倒したチームがチャンピオン。
年齢に合わせてそりを埋め込む深さを
変えて、調整しましょう。

倒すぞ〜

雪のおうち 雪の友だち

きのみくん
だよ

いいよ！
入れて！

雪をたくさん積んでかためます。
子どもが入れるぐらいの
穴を掘っておうち完成。
みんなで作った雪だるまは、
大切な友だちです。

雪のマンション
で〜す！

しぜんあそび
冬

雪玉ツリー

倒さずに、雪玉を
高く積み上げましょう。
いくつ積み上がるかな？

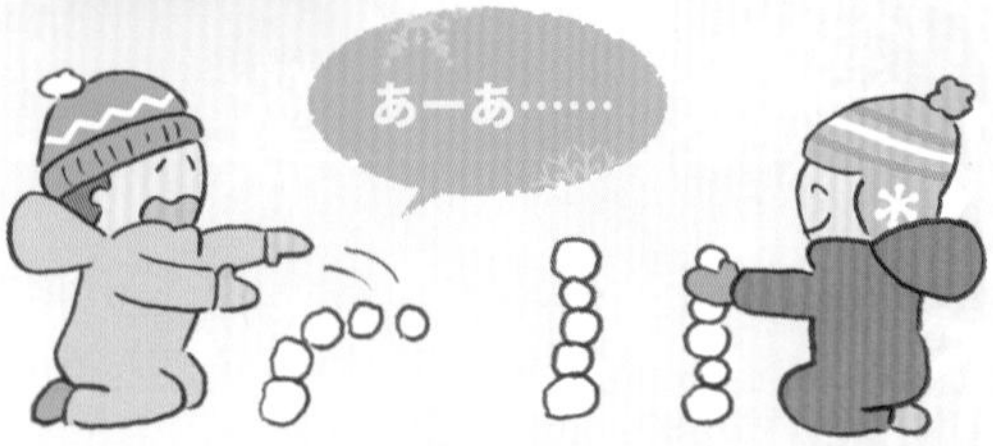
あーあ……

スノーパフェ

木の実や葉っぱで、カラフルなおやつ作り。

おいしそうでしょ！

ふわふわスタンプ

なんの形かわかるかな？　いろんなもので、雪にぺったん。

くまさん？
いえいえ、ポンさん

ぼんちゃん型のできあがり！

ゆきのひ
ポン
うー寒い……
ポンちゃんどこかなっ
オーイ
ポンちゃん!
オーイ
ザク
ザク
わわ! ポンちゃん!!
ショパパー…
ショパパパ
今助けるからね!!
ちゃんちゃん!! 完.
おもちやけたよー
えっ?
ポン

雪上缶サッカー＆シャーベット

雪の上で缶サッカー。缶はボールと違って、おかしな動きをするからおもしろい。転がったり、時どき跳んだりしながら進みます。そして最後のお楽しみは……

缶で作ったシャーベット。缶サッカーをしている間に、ジュースはシャリシャリにかたまっています。ぜひお試しください。

シャーベットの 作り方

缶を蹴ってあそんだら、おいしいおやつのできあがり。

1 小さな缶にジュースを入れる。

2 ふたをして大きな缶に入れる。

3 缶と缶の間に、雪と塩を入れる。

4 上まで雪を入れて冷やす。

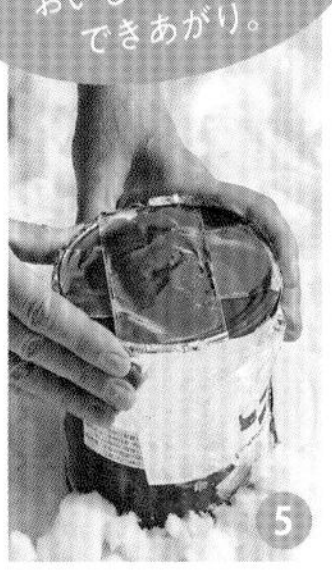

5 蹴っても開かないように、ガムテープなどでふたをする。

表紙・本文デザイン　嶋岡誠一郎
表紙イラスト　市川彰子
本文イラスト　アキワシンヤ
イラストメーカーズ
鹿渡いづみ
たちのけいこ
山田美津子
製作プラン　ピンクパールプランニング
楽譜版下　クラフトーン
撮影・動画編集　磯﨑猛志 (Focus & Graph Studio)
撮影　久保田彩子（世界文化ホールディングス）
モデル　テアトルアカデミー
協力　安曇野市立三郷西部認定こども園（長野県）
りんごの木子どもクラブ（神奈川県）
編集企画　飯塚友紀子　飯田 俊
校正　株式会社円水社

※本書はPriPri2000年4月号～2023年1月号の内容を再編集したものです。

ケロポンズ＋りゅうぞう＋すかんぽの
春・夏・秋・冬　あそびがいっぱい！

発行日　2023年6月5日　初版第1刷発行

著者　ケロポンズ　福田りゅうぞう　すかんぽ
発行者　大村 牧
発行　株式会社世界文化ワンダーグループ
発行・発売　株式会社世界文化社
〒102-8192　東京都千代田区九段北4－2－29
電話　03－3262-5474（内容についてのお問い合わせ：編集部）
03－3262-5115（在庫についてのお問い合わせ：販売部）
DTP作成　株式会社明昌堂
印刷・製本　図書印刷株式会社

ISBN978-4-418-23709-8
JASRAC出2301298-301

ケロポンズ

1999年結成のスーパーデュオ。親子で楽しめるステージを全国各地でくり広げる。テレビの子ども番組に出演するだけでなく、歌やあそびも提供する人気者。共著、個々の著書、共に多数。

福田りゅうぞう

保育士の経験を踏まえ、2015年から創作・公演活動を本格化。MVの再生回数が多い「へそベリーちゃん」や、「アキレスケンタウルス体操」など、音楽に合わせて体を動かせる作品が人気。

すかんぽ

2015年結成。熊本県在住の入江浩子と山梨県在住の川崎ちさとの現役保育士による音楽ユニット。子どもとのふれあいを通じて作られたあそびうたやダンスが親子や保育者に好評を得ている。